分県登山ガイド 10

埼玉県の山

打田鍈一 著

山と溪谷社

分県登山ガイド――10

埼玉県の山

目次

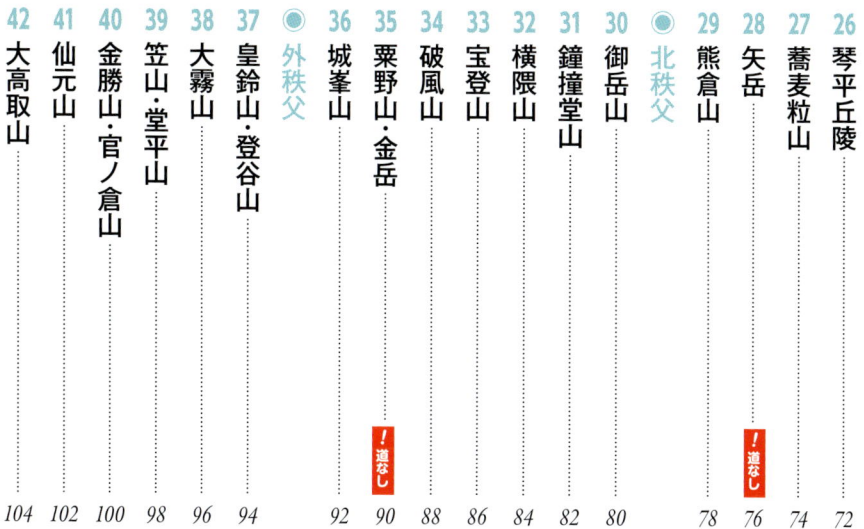

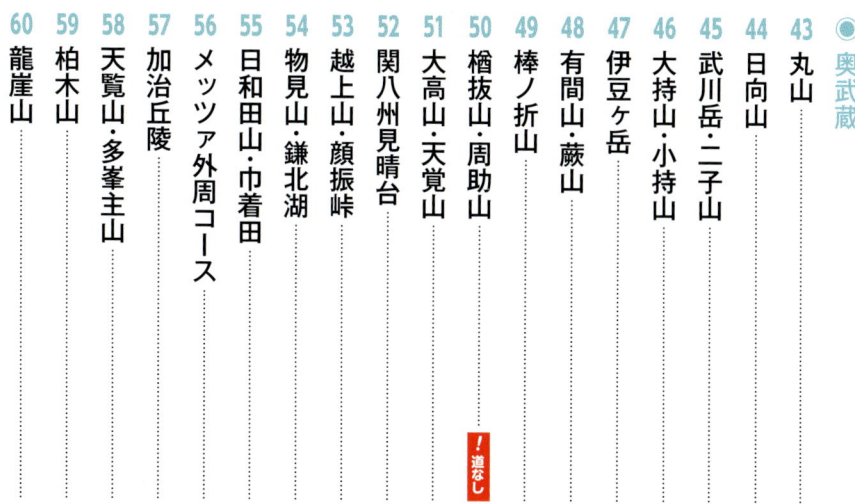

●本文地図主要凡例●

紹介するメインコース。

本文か脚注で紹介しているサブコース。一部、地図内でのみ紹介するコースもあります。

Start Goal Start Goal 225m 出発点／終着点／出発点および終着点の標高数値

管理人在中の山小屋もしくは宿泊施設

紹介するコースのコースタイムのポイントとなる山頂。

コースタイムのポイント。

管理人不在の山小屋もしくは避難小屋

神川町
高崎へ
かんなの湯
こだま
美里町
深谷市
高崎へ
高崎へ
上越新幹線
ふかや
高崎線
17
大宮へ
30 御岳山
関越自動車道
大宮、上野へ
大宮、東京へ
道の駅「かわもと」
道の駅「上州おにし」
32 横隈山
ひぐち
31 鐘撞堂山
花園町
さくらざわ
140
たけかわ
熊谷へ
秩父鉄道
はぐれ
かんぼの宿
寄居
よりい
荒川
花園IC
江南町
長瀞町
のがみ
140
道の駅「はなぞの」
寄居町
33 宝登山
ながとろ
皆野寄居道路
37 登谷山
40 金勝山
とうぶたけざわ
花和楽の湯
道の駅「おがわまち」
嵐山小川IC
満願の湯
37 皇鈴山
たけさわ
34 破風山
みなの
皆野町
いこいの村ヘリテイジ美の山
254
小川町
梵の湯
40 官ノ倉山
おがわまち
東武東上線
24 簑山
東秩父村
池袋へ
道の駅「龍勢会館」
パトリア おがわ
槻川
41 仙元山
練馬ICへ
わどうくろや
嵐山町
38 大霧山
川越へ
140
39 笠山
おはなばたけ
新木鉱泉旅館
ときがわ町
秩父市
39 堂平山
みょうがく
ちちぶ
道の駅「ちちぶ」
横瀬町
クラブ湯
44 日向山
都幾川
八高線
せいぶちちぶ
43 丸山
祭の湯
武甲温泉
よこぜ
横瀬川
道の駅「果樹公園あしがくぼ」
鳩山町
かげもり
あしがくぼ
ニューサンピア埼玉おごせ
西武秩父線
26 琴平丘陵
越生町
45 二子山
おごせ
42 大高取山
坂戸へ
うらやまぐち
52 関八州見晴台
25 武甲山
オーパークおごせ
東武越生線
坂戸へ
秩父さくら湖
45 武川岳
46 小持山
しょうまる
53 顔振峠
46 大持山
47 伊豆ヶ岳
にしあがの
53 越上山
毛呂山町
28 矢岳
あがの
休暇村奥武蔵
ひがしあがの
54 鎌北湖
299
54 物見山
川越へ
日高市
51 大高山
こまがわ
48 蕨山
48 有間山
51 天覚山
55 日和田山
むさしよこて
こま
55 巾着田
53
さわらびの湯
50 楢抜山
50 周助山
56 メッツァ外周コース
有間ダム
58 多峯主山
27 蕎麦粒山
58 天覧山
飯能市
49 棒ノ折山
59 柏木山
奥むさし旅館
ひがしはんのう
川苔山
60 龍崖山
あさひ山展望公園
はんのう
東京都
池袋へ
入間市
57 加治丘陵
青梅市
八王子へ

埼玉県の山全図

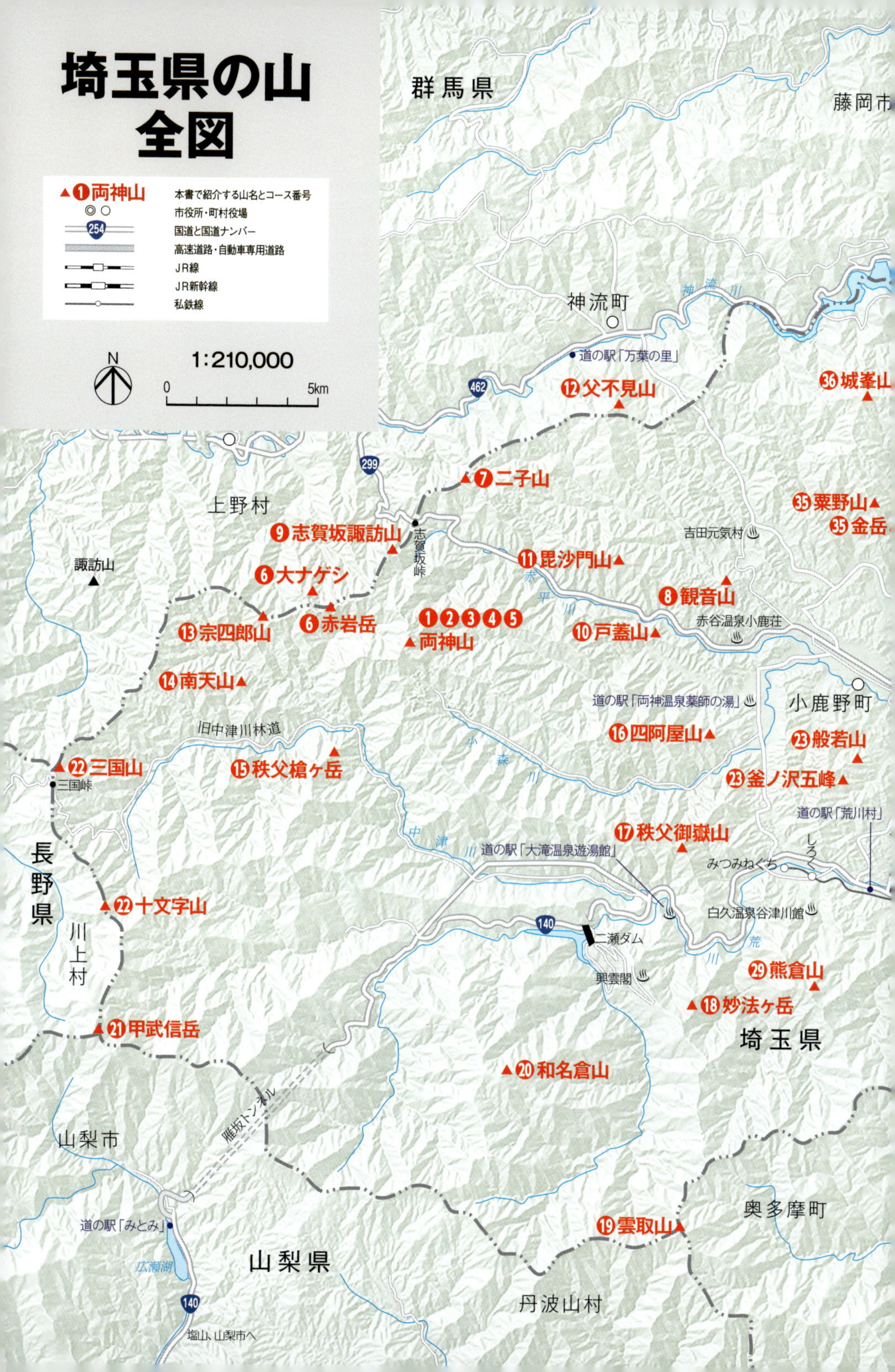

①両神山 本書で紹介する山名とコース番号
市役所・町村役場
254 国道と国道ナンバー
高速道路・自動車専用道路
JR線
JR新幹線
私鉄線
N
1:210,000
0
5km
群馬県
藤岡市
神流川
神流町
道の駅「万葉の里」
462
⑫父不見山
㊱城峯山
299
⑦二子山
上野村
⑨志賀坂諏訪山
志賀坂峠
㉟粟野山
㉟金岳
吉田元気村
⑪毘沙門山
諏訪山
⑥大ナゲシ
赤平川
⑧観音山
⑬宗四郎山
⑥赤岩岳
①②③④⑤両神山
⑩戸蓋山
赤谷温泉小鹿荘
⑭南天山
道の駅「両神温泉薬師の湯」
小鹿野町
旧中津川林道
⑯四阿屋山
小森川
㉓般若山
㉒三国山
三国峠
⑮秩父槍ヶ岳
㉓釜ノ沢五峰
道の駅「荒川村」
長野県
中津川
道の駅「大滝温泉遊湯館」
⑰秩父御嶽山
しろく
みつみねぐち
㉒十文字山
白久温泉谷津川館
川上村
140
二瀬ダム
荒川
興雲閣
㉙熊倉山
⑱妙法ヶ岳
㉑甲武信岳
埼玉県
⑳和名倉山
雁坂トンネル
山梨市
奥多摩町
道の駅「みとみ」
⑲雲取山
広瀬湖
山梨県
140
丹波山村
塩山、山梨市へ

概説 埼玉県の山

打田鉄一

埼玉県に森林限界を越える高峰はない。

北アルプスのようにアルペン的な岩稜や高山植物などの華やかさには縁遠いが、多彩な樹相と清冽な渓流、樹林から抜き立つ岩峰、歴史を刻んだ峠道や昔日を思わす山村、季節感豊かな花々と、親しむほどに愛着が湧いてくる。首都圏から日帰りできる山が多く、ファミリーからマニアまで広く楽しめるのも、大きな特徴だ。

最高峰は２４８４メートルの三宝山《さんぼうざん》で、周辺はトウヒ、コメツガ、シラビソなどの針葉樹林に覆われた亜高山帯だ。付近の山々は山梨県、長野県、群馬県との県境をなし、かつて原全教、小暮理太郎、田部重治ら山の大先達は好んで歩いていた。

しかしそれらの山々は埼玉県全体の中では少数派。東へ高度を下げる山稜は、なだらかにあるいは鋭く起伏を連ね、関東平野へと広がり消える。穏やかな尾根、開けた谷は人の暮らしに具合よく、古くから山奥にも人々が住み、林業や鉱業など産業も発達した。のどかな山村風景、生活や産業の要路でもあった峠道、信仰と伝説に彩られた山々と、それを今に伝える石宮や石碑など……。自然と人とが一体となり、歴史と民俗の深みに満ちた山々が、埼玉県には大きく広がっている。

●山域の特徴

本書では埼玉県の山々を山域別に5つに分けた。行政、山系、水系、アクセスなどの明瞭な境界はないが、大まかにまとめることで山々の位置関係と全体のイメージをつかめると考えたからだ。また、県内で目立つ山が3つある。異色の岩山・両神山《りょうかみさん》、双耳の一峰に電波塔の立つ城峯山《じょうみねさん》、山体を削られ人工的鋭鋒となった武甲山《ぶこうさん》だ。この3山は別の山域にあり、山岳展望の目印になるので覚えておくと便利だ。

●奥秩父　埼玉県を貫流し、東京湾に注ぐ荒川の源流を取り囲む、県内で最も奥まった山域だ。先にあげた大先達の著書を通じて山域名は広まり定着した。県内最高部分にあり、針葉樹林にサルオガセがからむ風情は、幽邃な深山の雰囲気にあふれている。多くは長野県、山梨県との県境をなしているが、埼玉県側から登る道の少ないことが残念だ。一方群馬県との県境には道不詳の岩稜が連なり、その一脈は異形の名山、両神山をそそり立てている。

春の両神山。小鹿野町にて

城峯山から見わたす両神山（右）と、奥秩父主脈の山々、山懐にひそむ石間川沿いの集落

●秩父　現在の秩父市はかつて「大宮郷」とよばれた秩父盆地の中心地。荒川の河岸に開けた盆地には、縄文時代から人が住み、日本武尊や畠山重忠にからむ伝説が多い。西国三十三番、坂東三十三番と並ぶ秩父三十四番の観音霊場は日本百観音をなし、札所めぐりの巡礼者が多い。秩父夜祭で名高い秩父神社とともに、遠方へもおよぶ民間信仰の中心地だ。その秩父盆地をとりまく山々をここに入れた。武甲山は石灰岩採掘で大きく山容を損なっているが、今でも秩父を象徴する名山だ。

●北秩父　秩父市の北、荒川左岸の山々をこうよぶが、「北武蔵」の呼称も聞かれる。明治17年、松方財政による不況にあえいだ農民は、隣接する群馬県、長野県の農民らとともに、減税や借金棒引きを要求し、秩父困民党を結成、下吉田の椋神社で蜂起した。しかし官憲には勝てず数日で鎮圧、壊滅させられた。世にいう秩父事件で、その主な舞台となった山域だ。往時に思いをはせつつ、山村と峠道の風情をじっくり味わいたい。しかし山深くまで車道が発達し、アクセスをマイカーに頼ることが多い山域でもある。北方にある城峯山はその展望台から、ほぼ県内全域の山を見わたすことができる。

●外秩父　「外秩父七峰縦走コース」で、「外秩父」は山域名として定着した。東武東上線東武竹沢駅を起点に、官《かん》ノ倉山《くらやま》、笠山《かさやま》、白《しら》石《いし》峠、大霧山《おおぎりやま》、登谷山《とやさん》と縦走し、寄居駅へ下る全長約42キロのコースが設定され、随所に「七峰縦走」の道標が明瞭だ。コースの縦走大会が毎年4月に開催され、「脚試

身近な山でも絢爛の紅葉を。あさひ山展望公園にて

し」に挑む参加者は数千人にのぼる。アクセスは東武東上線が主体で、バスも利用しやすい山が多い。

●奥武蔵　奥秩父、東京都の奥多摩と並び、古くから親しまれている山域名だ。「奥武蔵」は西武鉄道の前身である武蔵野鉄道が名づけ親だ。同鉄道終点の吾野駅周辺とその奥を「奥武蔵」として観光誘致を図った。だから「武蔵」は武蔵国や武蔵野でなく、武蔵野鉄道なのだ。余談だが、現在も西武鉄道では吾野駅までが池袋線、その奥は秩父線だ。西川材とよばれる木材供給地ゆえにスギやヒノキの植林が多いが、それだけに明るく開けた場所に出るとうれしくなる。伊豆《いず》ヶ岳《たけ》、関八州見晴台《かんはっしゅうみはらしだい》、棒《ぼう》ノ折山《おれやま》など、アクセスが便利で人気の山々が多い。

クサリ場が連続する両神山八丁尾根

●四季の魅力と心がまえ

ウメ、モモ、コブシ、レンギョウ、サクラ、ツツジ、フクジュソウ、カタクリ、イチリンソウ……。花々と輝く新緑が山と里を彩る春。繁る木立が日差しをさえぎり、緑風が樹間を吹き抜ける尾根道、涼味満点の沢道に都会の猛暑を忘れる夏。カエデ、コナラ、クヌギなどの紅葉が青空に映え、路端にヒガンバナやツリフネソウが華やぐ秋。葉を落とした木肌が艶やかに輝き、明るい木立越しに雪化粧の遠い山々を眺められる冬。

埼玉県の山は、身近にあって、四季折々の魅力に満ちている。しかし山歩きは危険と隣り合わせ。というより「危険」という要素も山の魅力の大きなひとつと考えるべきで、「危険」のない山はあり得ない。「危険」を回避して登るからおもしろいのだ。そのためには自身の体力、読図をはじめとした知的能力、動物的勘、経験など、総合的な力量を冷静に把握し、目的の山に見合っているかを慎重に考慮しなければならない。埼玉県の山の多くを占める低山では、道迷いによる遭難が多発している。本書で山の情報を１００パーセント伝えることは不可能だが、地形図による予習をはじめ、積極的な勉強によって危険を予測回避し、埼玉県の山を存分に楽しんでいただきたい。

大霧山頂雪景色

春爛漫の花の山里。外秩父・笠山山麓で

●！道なしの山

タイトルに「！道なし」と記した山がある。「県や市町村、地元山岳会や山小屋などによる登山道としての整備がされていない山」、という意味だ。踏跡明瞭で個人がつけた道標や固定ロープのある山から、人跡皆無の山までさまざまだが、地形図を読みこなすハイグレード・ハイキングの世界だ。パイオニア気分を楽しめるが、登山

上：両神山のアカヤシオ
下：巾着田のマンジュシャゲ

春の武甲山。羊山公園から

道のある山にない危険、注意点に留意しなくてはならない。

第一に鉄砲の誤射。猟期は当然として、それ以外でも許可を得たハンターは活動している。登山道のある山でもこれをはずれると動物と間違えられることがあるが、道のない山はその可能性が飛躍的に高まる。

第二に山火事。タバコが原因の山火事はとても多い。地面に押しつけて消したタバコは消えていないことがある。じわじわとくすぶり広がり、数日で自然発火するが、激しく燃え上がるまで誰も気づかない。地主に巨額の損失を与え、地元に大迷惑をかける犯罪だ。

そして道のない山は私有地であることが多い。本書では、取材の過程で、掲載を明白に拒否された山ははずし、登山者の訪れを不快と感じない山麓の雰囲気があり、過去に登られていた山を掲載した。道のない山に登ることは、他人の土地に無断で立ち入る行為でもあるのだ。

このような山での単独行での事故は、死亡・行方不明に直結する。そうなれば、自分の周囲だけでなく、自分に無関係な山麓の多くの人に大迷惑をおよぼすことも、肝に命じるべきである。

本書の使い方

■日程　首都圏のターミナルを起点に、アクセスを含めて、初・中級クラスの登山者が無理なく歩ける日程としています。

■歩行時間　登山の初心者が無理なく歩ける時間を想定しています。ただし休憩時間は含みません。

■歩行距離　2万5000分ノ1地形図から算出したおおよその距離を紹介しています。

■累積標高差　2万5000分ノ1地形図から算出したおおよその数値を紹介しています。は登りの総和、は下りの総和です。

■技術度　5段階で技術度・危険度を示しています。は登山の初心者向きのコースで、比較的安全に歩けるコース。は中級以上の登山経験が必要で、一部に岩場やすべりやすい場所があるものの、滑落や落石、転落の危険度は低いコース。は読図力があり、岩場を登る基本技術を身につけた中～上級者向きで、ハシゴやクサリ場など困難な岩場の通過があり、転落や滑落、落石の危険度があるコース。は登山に充分な経験があり、岩場や雪渓を安定して通過できる能力がある熟達者向き、危険度の高いクサリ場や道の不明瞭なやぶがあるコース。は登山全般に高い技術と経験が必要で、岩場や急な雪渓など、緊張を強いられる危険箇所が長く続き、滑落や転落の危険が極めて高いコースを示します。

■体力度　登山の消費エネルギー量を数値化することによって安全登山を提起する鹿屋体育大学・山本正嘉教授の研究成果をもとにランク付けしています。ランクは、①歩行時間、②歩行距離、③登りの累積標高差、④下りの累積標高差に一定の数値をかけ、その総和を求める「コース定数」に基づいて、10段階で示しています。が1、が2となります。通常、日帰りコースは「コース定数」が40以内で、～（1～3ランク）。激しい急坂や危険度の高いハシゴ場やクサリ場などがあるコースは、これに～（1～2ランク）をプラスしています。また、山中泊するコースの場合は、「コース定数」が40以上となり、泊数に応じて～もしくはそれ以上がプラスされます。紹介した「コース定数」は登山に必要なエネルギー量や水分補給量を算出することができるので、疲労の防止や熱中症予防に役立てることもできます。体力の消耗を防ぐには、下記の計算式で算出したエネルギー消費量（脱水量）の70～80㌫程度を補給するとよいでしょう。なお、夏など、暑い時期には脱水量はもう少し大きくなります。

	時間の要素		距離の要素		重さの要素
行動中のエネルギー消費量（kcal）＝	1.8×行動時間（h）	＋	0.3×歩行距離（km）＋10.0×上りの累積標高差（km）＋0.6×下りの累積標高差（km）	×	体重（kg）＋ザック重量（kg）
	山側の情報 ―「コース定数」				登山者側の情報

＊kcalをmlに読み替えるとおおよその脱水量がわかります

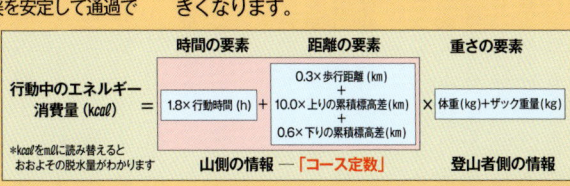

01

県内唯一の「日本百名山」へ代表コースを登り、上級コースを下る

両神山 ① 表参道と七滝沢道

りょうかみさん　おもてさんどう　ななたきさわみち

1723m（剣ケ峰）

日帰り

歩行時間＝6時間45分
歩行距離＝13・0km

技術度 ▲▲▲▲▲　体力度 ♥♥♥♥♥

コース定数＝35	
標高差＝1088m	
累積標高差	↗1828m ↘1828m

両神山は奥秩父の北端、群馬との県境間近にそびえる岩山だ。秩《ちち》父《ぶ》古生層の古く固い岩質からなる山体は独特の鋸歯状を呈し、風化に強いチャートの岩石がいたるところに切り立った岩壁を立ち上げ、険悪な峡谷を刻んでいる。周囲から抜き出た独立峰で、深田久弥著『日本百名山』の中でも他県と接しない純然たる埼玉県の山は両神山だけだ。

里に近く、しかも峻険で秀でた山容は、山岳信仰の対象にふさわしい。古来から行われていた雨乞い信仰、自然崇拝、山岳崇拝にはじまり、中世の修験道、近世の講中登山と、秩父地方の霊山として多くの登拝者を迎えてきた。

両神山の山名起源には諸説ある。日本武尊がイザナギ、イザナミの二神を山頂に祀ったから両神山、あるいは日本武尊が東征の折、この山を八日間見ながら郡中を通ったから、筑波山《つくばさん》から八日間この山を遠望し続けたから「八日見山」などだ。

そして現在も八丁《はっちょう》尾根の一峰に龍頭《りょうかみ》神社が祀られるように、雨乞いの象徴としての「龍頭山」でもある。八日見はヤオカミとも発音し、オカミは大蛇のことで、すなわち八日見とは八岐の大蛇とも考えられる。「八日見山入口」の石標が龍頭神社の登山口・尾ノ内《うち》に残っているが、険悪な支流を多数擁する尾《お》ノ内沢を、八岐の大蛇に見立てたのだろうか。大蛇の頭が龍というわけだ。山中・山麓の神社には計6対の山犬石像が祀られ、ご眷属信仰も盛んであった。山犬とは狼であり、大神に通じる。

■鉄道・バス

往路は西武秩父線西武秩父駅から小鹿野町営バスを利用、薬師の湯乗り換えで日向大谷口下車。所要約1時間40分。復路は往路を引き返す。

■マイカー

圏央道狭山日高ICから国道299号を秩父市街を経て、小鹿野へ。県道279号で日向大谷口まで約70キロ、1時間40分。バス停の少し下に2ヶ所の無料駐車場が計30台、バス停の隣と登山口直近に有料駐車場がある。トイレは2ヶ所で、バス停下

宗教登山の遺構がそこここに

山頂に抜ける最後のクサリ場を登る

小鹿野市街地から抜き立つ両神山を望む

リョウカミ、ヨウカミ、ヤオカミ、オオカミと、そのいわれと表記漢字はさまざまであっても、結果的に極めて似通った音で呼称されることは興味深い。いずれにせよ、山岳信仰に深い関わりをもつ山であることを証明する山名といえよう。

登山道は古来から多くあったが、廃道となった道も少なくなく、新設された部分もある。そのほか、両神山にはバリエーションルートというべき尾根、沢が無数にある。しかしいずれも経験と技術、装備を備えた者のみの世界だ。本書では、両神山に関しては数項にわたり、通行できる大半の登山道を記した。その代表的コースが表参道だ。これを登り、近年整備された七滝沢道を下るが、上級向き。一般的には往路を戻ることになる。

バスの場合は、**日向大谷口《ひなたおおやぐち》バス**と登山口直下にある。

■登山適期

5月上旬のアカヤシオ、10月下旬の紅葉時がベスト。冬はロングスパッツ、アイゼンが必要。夏でも意外に涼しい。

■アドバイス

▽帰りも表参道にすると、技術度は1ランク下がって2となる。

▽登山口の民宿両神山荘（☎0494・79・0593）に泊まれば余裕がもてる。

▽清滝小屋は避難小屋のため、利用する場合は、食料、炊事用具、寝袋などが必携。

▽小鹿野町営バス乗換地点に両神温泉薬師の湯（☎0494・79・1533）があり、食事もできる。

両神温泉薬師の湯

■問合せ先

小鹿野町観光協会（☎0494・75・5060／町営バスも）

■2万5000分ノ1地形図

両神山

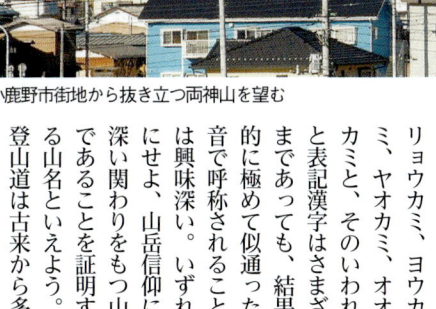

停から目前の石段を登ると、民宿両神山荘の前が**表参道登山口**だ。表参道にはさまざまな石像や石碑、丁目石が現れる。**会所**《かいしょ》で帰路の七滝沢道を右に分けると、薄《すすき》川を渡り返しながらの登りとなる。

道が右手斜面に移ると、大頭羅《だいずら》神王《しんのう》の石像が立つ**八**《は》**海山**《かいさん》だ。木立の急斜面を登ると弘法ノ井戸を過ぎ、休憩所とトイレのある**清滝**《きよたき》**避難小屋**に着く。

清滝小屋から木立の斜面を急登すると、**鈴**《すず》**ヶ坂**《さか》で帰路の七滝沢道を合わせる。産泰尾根はすぐ先で、正面に両神山頂・剣ヶ峰が意外に近い。クサリや階段の続く急な尾根道は、横岩を通り**両神神社**に登り着く。

奥に続く御嶽《おんたけ》神社の前を過ぎ、尾根から北山腹となった道が再び尾根に出ると、急登わずかで主稜線だ。右に進み、2メートルほどの岩稜を左に越えると10メートルほどのクサリ場で、これを登れば**両神山頂上**に躍り出る。

二等三角点が埋まる山頂・剣ヶ峰は、武甲山《ぶこうさん》、奥秩父、御座《おぐら》

両神山山頂から赤岩尾根や西上州の山々を望む

山頂より赤岩尾根と西上州の山並み

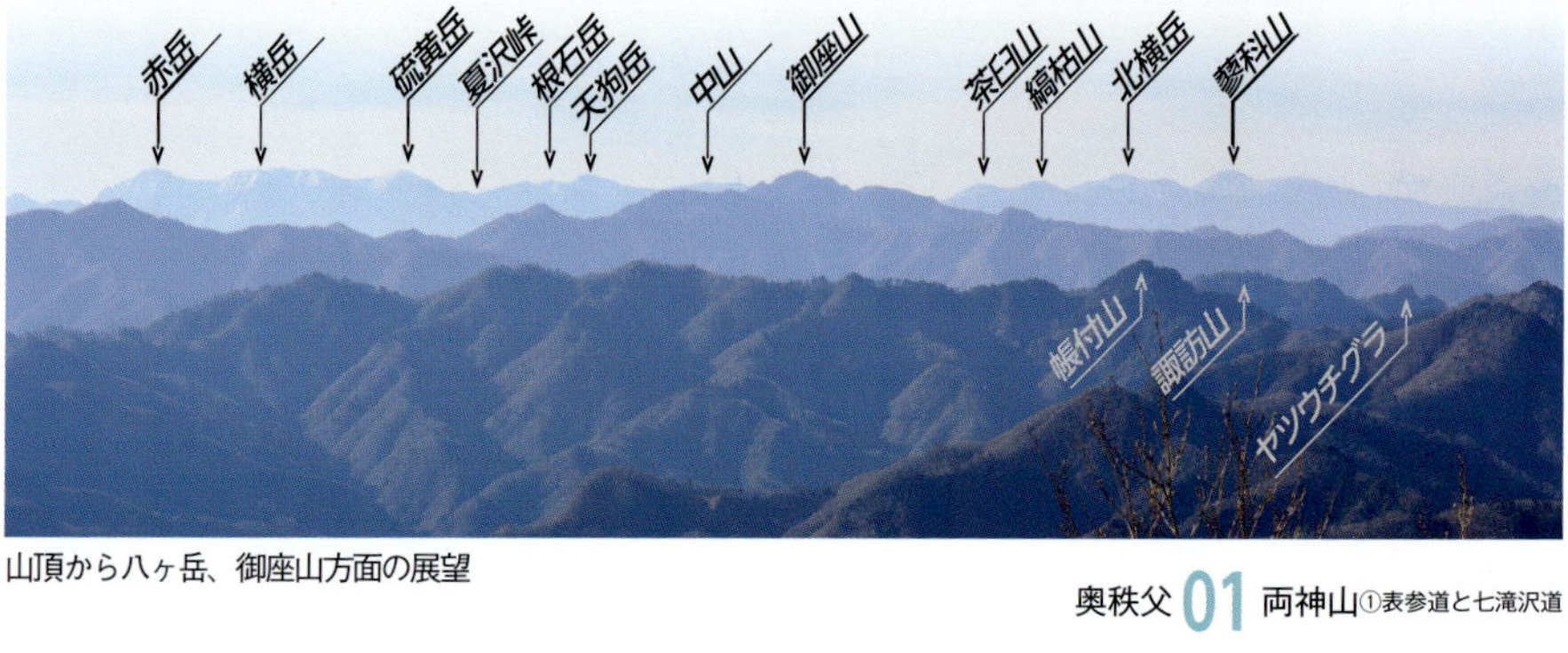

山頂から八ヶ岳、御座山方面の展望

山《さん》、八《やつ》ヶ岳《たけ》、浅間山《あさまやま》、北アルプス、西上州《にしじょうしゅう》などの大展望がすばらしい。

帰りは来た道を**鈴ヶ坂**まで戻り七滝沢道へ。産泰尾根を左にからみ、木橋を渡るとクサリの連続する急な下りとなる。湿って滑りやすく、滑落死亡事故も起きている道だ。

養老《ようろう》の滝、霧降《きりふり》の滝など険悪な滝場を眺め、小尾根から山腹道になると、ベンチとテーブルの置かれた小平地。ここは**赤滝**《あかたき》**入口**で、道標にしたがい落ち口から見下ろすと、身震いするような恐怖感に襲われる。

ジグザグの急降で沢床に下り、対岸に渡れば穏やかな道となる。振り返れば両神山の主稜線がはるかに高い。小尾根を越えて、雑木林から杉林に変わるとほどなく**会所**で往路に合流する。山腹道から鳥居を抜ければ、**表参道登山口**の日向大谷が目前に広がっている。

アカヤシオに埋もれる５月上旬の山頂

岩場の安全対策が進む表参道

CHECK POINT

1 日向大谷の表参道登山口。公衆トイレ、民宿両神山荘の有料駐車場がある

2 歩きはじめは薄川を高巻く山腹道だ。季節感豊かな雑木林が心地よい

3 薄川を渡り返しながら進むが、河原の道は不明瞭で目印テープが頼りになる

4 道が左岸高みになると、大頭羅神王の石像が祀られる八海山に着く

5 白藤ノ滝への道が左に分かれる。薄川が絞られる滝へは往復30分ほどだ

6 弘法ノ井戸は弘法大師の伝説にまつわる水場だ。水を補給しよう

7 沢奥に立つ清滝小屋は緊急対応の避難小屋だ。周囲にテント場もある

8 産泰尾根に出ると山頂の剣ヶ峰が目前だ。春にはアカヤシオが絢爛と彩る

9 ジグザグの急登で両神神社に出てホッと一息。すぐ奥には御嶽神社が建っている

10 主稜線を右折し2㍍ほどの岩稜を左に越える。この先のクサリを登れば山頂だ

11 日本百名山の山頂は登山者で賑わう。展望図盤があり全周に近い展望がみごと

12 七滝沢道のクサリを下りきると赤滝入口。赤滝を見下ろすと恐怖感に身が縮む

注：2025年２月現在、七滝沢道は崩壊のため通行止め。復旧の見通しは未定となっている。

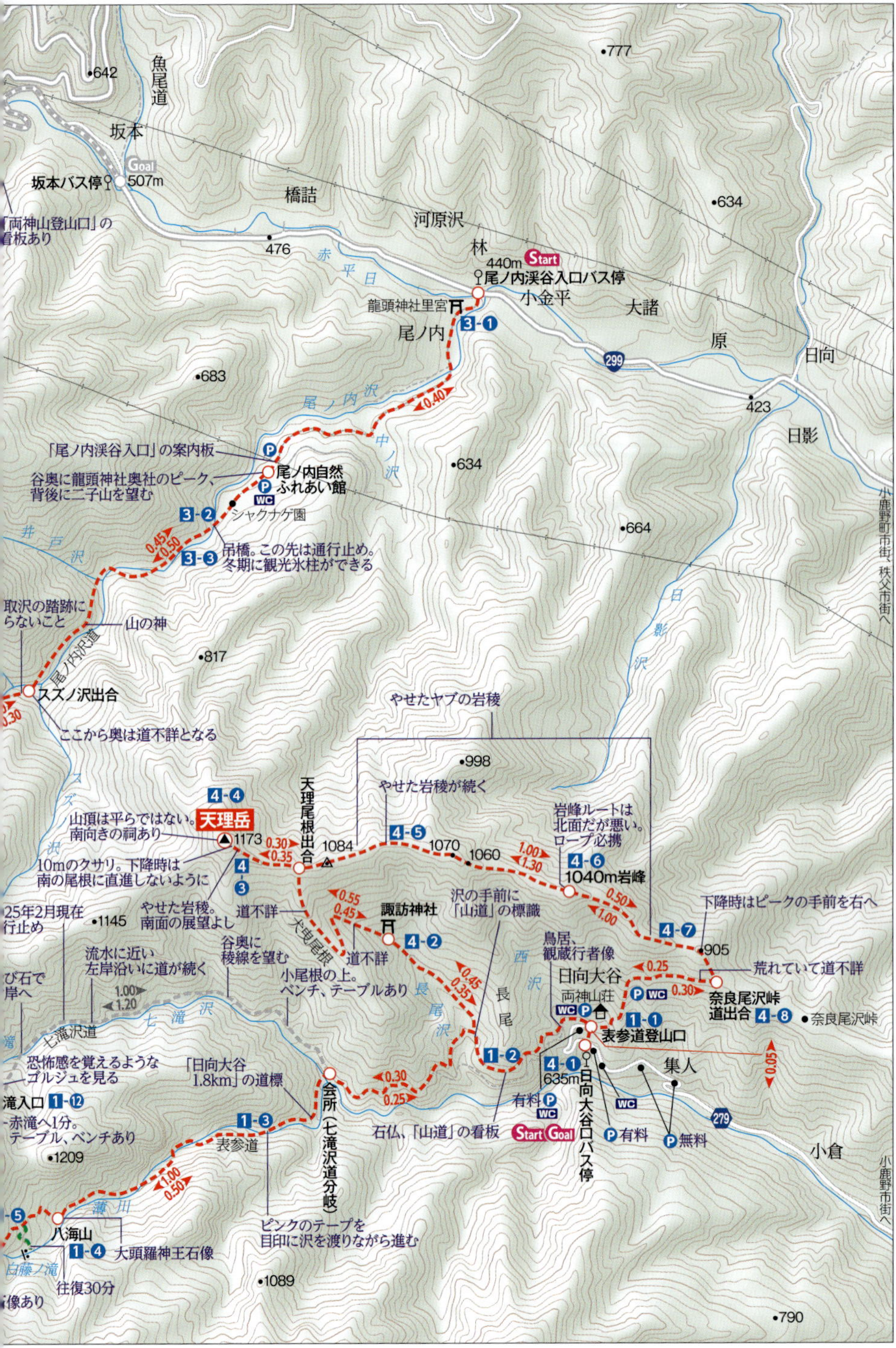
魚尾道
坂本
Goal
坂本バス停 507m
「両神山登山口」の看板あり
橋詰
河原沢
林
440m Start
尾ノ内渓谷入口バス停
龍頭神社里宮
小金平
大諸
尾ノ内
原
日向
日影
「尾ノ内渓谷入口」の案内板
尾ノ内自然ふれあい館
谷奥に龍頭神社奥社のピーク、背後に二子山を望む
シャクナゲ園
吊橋。この先は通行止め。冬期に観光氷柱ができる
山の神
スズノ沢出合
ここから奥は道不詳となる
やせたヤブの岩稜
やせた岩稜が続く
山頂は平らではない。南向きの祠あり
天理岳
1173
天理尾根出合
1084
1070
1060
岩峰ルートは北面だが悪い。ロープ必携
1040m岩峰
下降時はピークの手前を右へ
10mのクサリ。下降時は南の尾根に直進しないように
やせた岩稜。南面の展望よし
道不詳
諏訪神社
沢の手前に「山道」の標識
905
荒れていて道不詳
奈良尾沢峠道出合
奈良尾沢峠
25年2月現在行止め
流水に近い左岸沿いに道が続く
谷奥に稜線を望む
小尾根の上。ベンチ、テーブルあり
鳥居、観蔵行者像
日向大谷
両神山荘
表参道登山口
七滝沢道
恐怖感を覚えるようなゴルジュを見る
「日向大谷1.8km」の道標
会所（七滝沢道分岐）
635m
日向大谷口バス停
集人
有料
無料
石仏、「山道」の看板
Start Goal
表参道
小倉
八海山
大頭羅神王石像
往復30分
像あり
ピンクのテープを目印に沢を渡りながら進む
小鹿野町市街、秩父市街へ
小鹿野市街へ

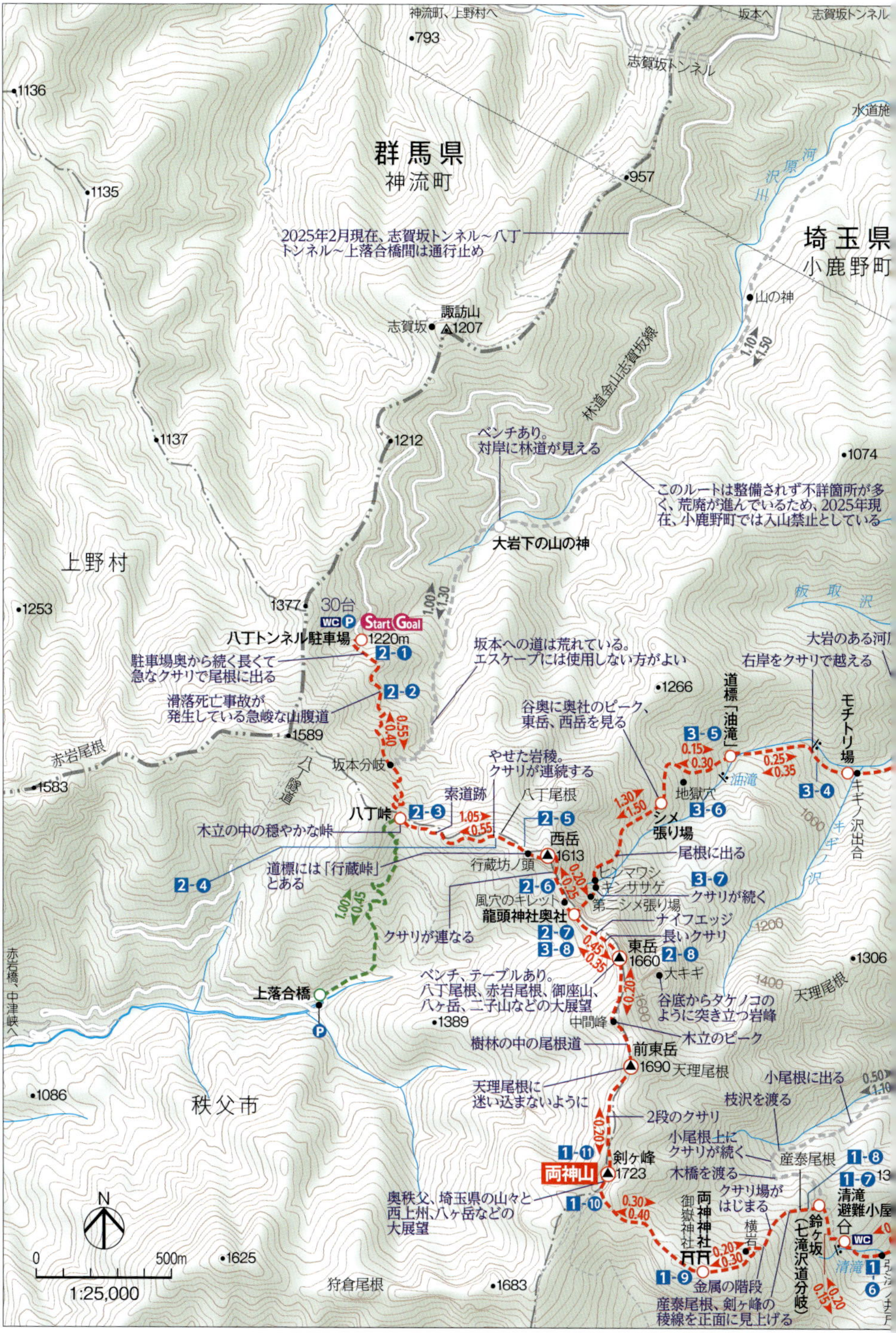

神流町、上野村へ
坂本へ
志賀坂トンネル
793
志賀坂トンネル
1136
水道施
群馬県
神流町
957
原沢川
埼玉県
小鹿野町
1135
2025年2月現在、志賀坂トンネル～八丁トンネル～上落合橋間は通行止め
山の神
諏訪山
志賀坂
1207
林道金山志賀坂線
1.10
1.50
1137
1212
ベンチあり。対岸に林道が見える
1074
このルートは整備されず不詳箇所が多く、荒廃が進んでいるため、2025年現在、小鹿野町では入山禁止としている
大岩下の山の神
上野村
1.00
1.30
板取沢
1253
1377
30台
Start Goal
八丁トンネル駐車場
1220m
2-1
大岩のある河
駐車場奥から続く長くて急なクサリで尾根に出る
坂本への道は荒れている。エスケープには使用しない方がよい
右岸をクサリで越える
2-2
1266
道標「油滝」
モチトリ場
滑落死亡事故が発生している急峻な山腹道
谷奥に奥社のピーク、東岳、西岳を見る
0.55
0.40
3-5
1589
0.15
0.30
0.25
0.35
赤岩尾根
坂本分岐
油滝
やせた岩稜。クサリが連続する
地獄穴
3-4
キギノ沢出合
1583
八丁隧道
八丁尾根
索道跡
1.30
1.50
3-6
八丁峠
2-3
1.05
0.55
2-5
シメ張り場
キギノ沢
木立の中の穏やかな峠
西岳
1613
尾根に出る
道標には「行蔵峠」とある
行蔵坊ノ頭
0.20
0.25
ヒンマワシ
ギンササゲ
3-7
2-4
2-6
クサリが続く
風穴のキレット
第二シメ張り場
1.00
0.45
龍頭神社奥社
ナイフエッジ
2-7
長いクサリ
1200
クサリが連なる
3-8
東岳
1660
2-8
1306
0.45
0.35
赤岩橋、中津峡へ
ベンチ、テーブルあり。八丁尾根、赤岩尾根、御座山、八ヶ岳、二子山などの大展望
大キギ
1400
天理尾根
上落合橋
0.20
谷底からタケノコのように突き立つ岩峰
1389
中間峰
木立のピーク
樹林の中の尾根道
前東岳
1690
天理尾根
小尾根に出る
0.50
1.10
1086
天理尾根に迷い込まないように
秩父市
枝沢を渡る
2段のクサリ
0.20
小尾根上にクサリが続く
産泰尾根
1-8
1-11
剣ヶ峰
両神山
1723
木橋を渡る
1-7
クサリ場がはじまる
清滝避難小屋
奥秩父、埼玉県の山々と西上州、八ヶ岳などの大展望
1-10
0.30
0.40
御嶽神社
両神神社
横岩
鈴ヶ坂（七滝沢道分岐）
N
0.20
0.30
清滝
0
500m
1625
1:25,000
1-9
金属の階段
1-6
狩倉尾根
1683
産泰尾根、剣ヶ峰の稜線を正面に見上げる
0.15
0.20

02

両神山 ② 八丁尾根

クサリ連なる岩稜をスリルと展望にひたりつつ縦走する

りょうかみさん　はっちょうおね
1723m（剣ヶ峰）

日帰り
歩行時間＝7時間
歩行距離＝6・5km

技術度
体力度

コース定数	＝26
標高差	＝503m
累積標高差	↗1124m ↘1124m

八丁尾根は、両神山頂上剣《けん》ヶ峰《みね》から八丁峠へ連なる鋸歯状の岩稜だ。次々現れる岩峰をクサリで越えて進むのはスリル満点。大展望とともに充実感は大きい。5月上旬は険悪な岩稜にアカヤシオが華麗だ。

登山口は国道299号の志賀《しが》坂《さか》トンネル埼玉側入口から林道金《きん》山《ざん》志賀坂線を約6・5キロで着く駐車場だ。**八丁トンネル駐車場**の奥からクサリ伝いの急登でトンネルの真上に出る。ここが困難なら退却しよう。八丁峠へは、険悪で滑りやすく、過去に滑落死亡事故もあった山腹道だ。坂本《さかもと》バス停への道を分けると**八丁峠**は近い。

東に向い、索道跡をすぎるとクサリが現れる。数段のクサリで木立の尾根から無名の岩峰にはい上がれば、両神山頂の剣ヶ峰から狩《かり》倉《くら》尾根へと連なる岩屏風が壮観だ。やせた岩稜にクサリが続くと「行蔵《ぎょうぞう》峠」と道標の立つ好展望の岩峰に登り着く。正しくは「行《ぎょう》蔵《ぞう》坊《ぼう》ノ頭《あたま》」で、これを越えて登り返せば**西岳《にしだけ》**だ。

右に急角度で曲がり、連なるクサリを下れば風穴《かざあな》のキレットに下り立つ。尾《お》ノ内《うち》沢から冷風が吹き上げる。急なクサリで登り返せば**龍頭神社奥社**《りょうかみ》の祀られる岩峰だ。左に尾ノ内沢道を分け、ナイフエッジ、スラブ状、樹林中、ルンゼ状と、休む間もなくクサリをたぐる。

躍り出た**東岳《ひがしだけ》**は空中に突出した岩舞台。谷底からニョッキリ立

■鉄道・バス
往路＝西武秩父線西武秩父駅からタクシーで八丁トンネル駐車場へ。所要約1時間。
復路＝予めタクシーを予約して西武秩父駅へ。
■マイカー
圏央道狭山日高ICから国道299

龍頭神社奥社（奥）へ向かいクサリを下って登り返す

国道から見上げる八丁尾根。左から大キギ、東岳、キレットの小岩峰は龍頭神社奥社、西岳、行蔵坊ノ頭、右下が八丁峠

ち上がる大キギの岩峰が不気味だ。その奥には武甲山《ぶこうさん》や秩父盆地、西には御座山《おぐらさん》、八《やつ》ケ岳《たけ》、八丁尾根から赤岩《あかいわ》尾根と西上州《にしじょうしゅう》の山々、北には御荷鉾山《みかぼやま》や二子山《ふたごやま》と、剣ケ峰では得られぬ展望がすばらしい。

道はまた右に曲がるが、ここからは穏やかな樹下道となる。中間峰で左に曲がり、**前東岳**《まえひがしだけ》では天《てん》理《り》尾根を東に分ける。樹林の道から最後の岩場を数連のクサリで登れば、**両神山頂上**の剣ケ峰に登り着く。

展望図盤のある山頂で富士山や奥秩父方面の展望を楽しんだら、往路を慎重に戻ろう。

東岳からは目前の大キギの先に武甲山（右端）と秩父盆地を見わたせる

CHECK POINT

1 駐車場から長く急なクサリで岩稜に出る。この先はさらに危険なので、ここで躊躇するようなら中止すべき

2 八丁峠への山腹道は滑落死亡事故が起きている。途中で分かれる坂本バス停への道は一般的ではない

3 木立の中の八丁峠。これからはじまるクサリ地獄を微塵も感じさせない穏やかさ。上落合橋へ峠道が下る

4 南に遠く破風山、甲武信岳など奥秩父主稜線を望む。手前は両神山から派出する狩倉尾根

5 行蔵坊ノ頭へは岩稜の小さな上下だがクサリの連続だ。状況しだいでロープでの確保がほしい

6 西岳からクサリで大きく下り、龍頭神社奥社へと岩稜を登り返す。上体を岩から離して登降すること

7 龍頭神社奥社（左）の祀られるピークでホッとひと息。北側へ尾ノ内沢道が下るが危険度高いルートだ

8 東岳にはベンチとテーブルが置かれ、山々の大パノラマが広がる。ここから山頂へは穏やかな樹下道だ

号を秩父、小鹿野と進み、志賀坂トンネル手前から林道金山志賀坂線に入る。八丁トンネル手前に30台ほどの無料駐車場があり、トイレもある。

■登山適期

5～11月。アクセスの林道は冬期通行止めとなる。

■アドバイス

▽2025年2月現在、八丁トンネル駐車場への林道金山志賀坂線は通行不可。八丁尾根へは秩父側の上落合橋から登ることになる。八丁峠まで登り1時間、下り45分。上落合橋には駐車場があり、秩父市の中津峡経由で行くことができる（06赤岩岳・大ナゲシを参照）。

上落合橋には八丁峠への道標が明瞭だ。ただし、ここにいたる林道も通行止めが多く、通行の可否を確認した方がよいだろう

▽途中で分岐する坂本バス停への道、尾ノ内沢道、天理尾根はエスケープには不適だ。

■問合せ先

小鹿野町観光協会☎0494・75・5060、丸通タクシー秩父営業所☎0120・02・3633

■2万5000分ノ1地形図

両神山

＊コース図は14・15ﾍﾟｰｼﾞを参照。

03

日帰り

両神山 ③ 尾ノ内沢道

地元の氏子による山開きが今でも続く、宗教登山の難コース

りょうかみさん　おのうちさわみち

1613m（西岳）

歩行時間＝8時間25分

歩行距離＝11・5km

技術度 ▲▲▲▲▲（5段階中4）

体力度 ♥♥♥♥♥（5段階中3）

コース定数＝33

標高差＝1173m

累積標高差 ↗1316m ↘1255m

↑尾ノ内自然ふれあい館付近から谷奥に目指す稜線を望む。中央は東岳、その左は大キギ、左端は西岳、東岳と西岳の間の小岩峰が龍頭神社奥社ピーク。その右に風穴のキレット

←切れ落ちた岩道をクサリで登る。ヒンマワシとよばれるあたりで道不詳だ

両神山は宗教登山で栄えた山で、険悪な沢沿いの尾ノ内沢道も登拝路のひとつだ。5月には稜線に祀られる奥社へ、地元氏子衆による参拝登山が行われる。道は荒れ気味でわかりにくく、上部はクサリ連なる急登の連続だ。

尾ノ内渓谷入口に立つ「八日見山入口」の石碑を見るとすぐ右に龍頭《りょうかみ》神社。車道を行けば**尾ノ内自然ふれあい館**のある駐車場に着く。谷奥に目指す稜線が怪異だ。

吊橋を渡ると左岸山腹の道はいったん沢床に下り、再び左岸の高みを行く。左に山ノ神の石祠を見て沢に下りると、対岸から**スズノ沢が出合い**、本流は右に曲がる。右岸の道は不明瞭となり、慎重に踏跡を探しつつ、高まればキギノ沢を渡る。樹林の小平地が**モチトリ場**だ。本流の滝をクサリで越え、左岸に移って中間稜を行けば、左前方に油を流したような**油滝**《あぶら》が現れる。

道は油滝を左に見て、ザレたジグザグの急登となり、岩壁に突き当たる。「地獄穴」と書かれたその岩根のすきまから体をズリ入れれば、中は立てる広さだ。

岩壁を右に回り登ると注連縄の張られる**シメ張場**《はりば》で、見上げる稜線の迫力に圧倒される。鎖に導かれ、山腹道からヒンマワシの小尾根を直登、さらにルンゼを横切

り、キンササゲの急登に息を切らせば、お宮が目前に現れる。**龍頭神社奥社**だ。

帰りは八丁《はっちょう》尾根を西へ。鎖で**西岳**《にしだけ》、行蔵坊ノ頭を越え、さらに続く岩稜をたどれば樹林に包まれた**八丁峠**に着く。

八丁峠から坂本へは、駐車場への道を左に分けると、か細く荒れ気味となる。**大岩下の山ノ神**では対岸に林道が間近だが、林道は倍以上歩くことになる。沢沿いの踏跡を慎重に下り、右岸を高巻く道で山ノ神をすぎれば明瞭になり、国道に出る。**坂本バス停**へは右へ下ろう。

奥社から見る八ヶ岳、御座山、帳付山、宗四郎山、赤岩尾根など

CHECK POINT

1 登山道入口に立つ龍頭神社。左奥に東岳の稜線が見える。登山口まではしばらく車道を行く

2 尾ノ内渓谷遊歩道への吊橋を渡る。しかしこの先は「遊歩道」とはいえず、しだいに道は悪くなる

3 沢を渡り返しつつ登る。下部は丸木橋などが整備されているが、スズノ沢から道は一段と不詳になる

4 モチトリ場をすぎるとクサリで岩壁を斜上する。右下は樹林に隠れた切れ落ちた滝場だ

5 谷奥に現れる油滝。道標はここまであるが道は不詳だ。この先はさらにわかりにくく危険箇所が現れる

6 急登で突き当たる岩壁は左下の岩根に隙間がある。地獄穴で、中は広く奥は人が立つことができる

7 キンササゲは道形不詳の急登が続く小岩稜だ。クサリは目印ともなるが一部は針金も

8 急登の果てに出迎える龍頭神社奥社は、登山口の里宮を向いて建っている。背後は展望広がる稜線だ

■鉄道・バス
往路＝西武秩父線西武秩父駅から西武観光バス、小鹿野町役場乗り換えで尾ノ内渓谷入口下車。
復路＝坂本から同バス小鹿野車庫乗り換えで西武秩父駅へ。

■マイカー
圏央道狭山日高ICから国道299号を行き、約70キロ、1時間50分で尾ノ内自然ふれあい館。無料駐車場、トイレあり。

■登山適期
花と新緑の5月上旬がベスト。紅葉の10月下旬は日没過ぎて荒れた沢道を下ることになる。冬は雪と氷で不適だがそれに加え、氷柱の観光客で駐車不能と思うべきだ。

■アドバイス
▽全行程道不詳の上級コース。
▽八日見山は日本武尊の東征伝説にちなむ両神山の別称。
▽赤谷温泉小鹿荘（☎0494・75・0210）は入浴のみも可能だが、事前に問合せを。

地獄穴の入口

■問合せ先
小鹿野町観光協会☎0494・75・5060、西武観光バス☎0494・22・1635

■2万5000分ノ1地形図
両神山・長又

＊コース図は14・15ページを参照。

注：八丁峠〜坂本間は荒廃が進み、2025年2月現在、小鹿野町では入山禁止としている。下山は往路を戻るのが最短だ。

04

両神山 ④ 天理岳

りょうかみさん　てんりだけ　1173m

道不詳、ヤブと岩稜のハイグレード・ハイキング

日帰り

歩行時間＝5時間10分
歩行距離＝5・5㎞

技術度 ▲▲▲▲△
体力度 ♥♥♡♡♡

！道なし

コース定数＝18	
標高差＝540m	
累積標高差	↗670m ↘670m

↑春の天理岳。志賀坂峠付近より

←登山口の日向大谷集落。見えている駐車場は民宿の有料駐車場だ。トイレは無料

天理岳は両神山の前東岳《まえひがしだけ》から小鹿野《おがの》市街地へのびる天理尾根に、突兀と峰頭をもたげる寂峰だ。山頂は南北の2峰に分かれ、南峰にはクサリがあるが、登山道として整備されてない。ヤブと岩稜にルートを探る、読図と岩場歩きに熟達した者のみの世界だ。天理岳～前東岳は特に下降時の事故が多く、前東岳には警告表示がされている。

日向大谷《ひなたおおや》から表参道を15分ほどで渡る長尾《ながお》沢の直前で「山道」と道標が示す踏跡へ入る。沢沿いに行けば右に簡素な覆堂の中に**諏訪**《すわ》**神社**が祀られている。この左手前方が二又で、かぼそい踏跡が左俣左岸に続く。

植林内を行き、上部で傾斜が増してきて、大きくカーブして南へ向かうと犬曳《いぬびき》尾根に出る。日本武尊の登頂伝説にちなむ尾根だが、登るほどに傾斜は激しくなり、踏跡も不明瞭だ。左寄りに登れば**天理尾根**に出る。

西へアセビの尾根を行くと露岩が現れ、傾斜は増すが、右寄りに登れば岩場にクサリが現れる。この上が小祠の迎える**天理岳**頂上で、西方に両神山の峰々が鋭い。

帰路は頂上直下のクサリの下を直進しないように注意したい。往路を右に分け、1084㍍三角点から奈良尾《ならお》沢峠道までは、両側が切れ落ちたヤブが濃い岩稜の連続で、ここからが核心部だ。

北に998㍍ピークを見下ろし、1070㍍で二分する尾根を右へ。1060㍍で南に長尾を分け、スズタケを抜けてやせた岩稜を行けば**1040㍍ピーク**に登り着く。

ここからは北面を下るが、ロ

注：両神山の前東岳から天理岳へと下る天理（天武将）尾根があるが、下りでの事故が多く、前東岳からは通行止めとなっている。

ープがほしくなるほどの急斜面だ。「鳥獣保護区」の看板をすぎ、975メートルでグイと右に曲がる。905メートルにある「県造林」の標石を右折すると植林の尾根となり、廃道の**奈良尾沢峠道**に出る。道標だけがりっぱだ。これを右後方へ下るが古の峠道は荒廃がひどく、**日向大谷**まではもうひと苦労だ。

天理尾根から登り来た犬曳尾根を見下ろす

CHECK POINT

1 日向大谷口バス停前が表参道と同じ登山道入口だ。左の石段を登り、日向大谷から表参道を15分ほど行く

2 立木で見にくい「山道」の道標から長尾沢左岸の植林道に入れば、諏訪神社が簡素な覆堂に祀られる

3 天理岳へはクサリの張られる岩交じりの急登だ。クサリは古くあてにならない

4 小さな祠が迎える天理岳山頂。木立に囲まれているが、樹間から両神山の主稜線が西に高々と並び立つ

5 三角点から奈良尾沢峠道に出るまでが核心部。木立に覆われたやせた岩峰がいくつか続き、踏跡も不詳だ

6 1040メートル岩峰から北面への下りはロープがほしい。手がかり少ない急峻な岩場だ

7 穏やかな雑木林となるが踏跡は薄く、ルートはわかりにくい。「県造林」の石標を見落とさぬよう慎重に

8 かつてメインだった納宮からの奈良尾沢峠道はすでに廃道。道標だけ新しくりっぱだが日向大谷へも難路だ

■鉄道・バス
往路・復路＝西武秩父線西武秩父駅から小鹿野町営バスに乗り薬師の湯で乗り換えて約1時間40分で日向大谷口バス停。

■マイカー
東京方面からは国道299号、県道37号、279号経由で日向大谷へ。無料・有料駐車場、トイレあり。

■登山適期
5月上旬、10月中旬がベスト。12～4月は、雪は少ないが落葉や凍結がありスリップの危険に注意。

■アドバイス
▽かつて納宮バス停から日向大谷への奈良尾沢峠道は、両神山表参道へのメインルートであった。この道が廃道となって以来、天理岳への登山者も激減し、ハイグレード・ハイキングの世界となった。

▽バスの乗り換えターミナルにある両神温泉薬師の湯（☎0494・79・1533）は、日帰り温泉だ。食事もできる。

■問合せ先
小鹿野町観光協会☎0494・75・5060（町営バスも）

■2万5000分ノ1地形図
長又・両神山

＊コース図は14・15ページを参照。

注：天理岳は登山道としての整備をしていないので、小鹿野町では登山を推奨していない。

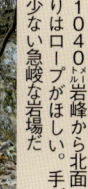

第二ルートのハイライト、ミヨシノ岩

05

最短で両神山に登るコース。周回できる第二ルートは上級向き

両神山 ⑤ 白井差新道

りょうかみさん　しらいざすしんどう

1723m（剣ヶ峰）

日帰り

第一ルート往復　歩行時間＝5時間10分　歩行距離＝7・5km　技術度　体力度

第二ルート周回　歩行時間＝6時間15分　歩行距離＝8・0km　技術度　体力度

コース定数＝**21/23**

標高差＝863m/863m

累積標高差　↗885m/1003m　↘885m/1003m

両神山へ最も楽に危険度低く登れるのが白井差新道だ。地主の山中豊彦氏が私有地を登山道として整備した道で、入山料1000円を支払う。1日30名限定で予約が必要だ。原則的に第一ルートでの山頂往復のみで、ミヨシノ岩を経て周回する第二ルートは、山中氏の案内が必要（無料）だ。一度行けば次回からは案内なしでよいので、第二ルートも記した。

白井差の山中宅前から登山道に入れば、昇竜《しょうりゅう》ノ滝が現れる。山ノ神をすぎ、大又《おおまた》では左俣へ。沢沿いに進み、ノゾキ橋を渡ると岩間を抜け、緩斜面を左にカーブ、**水晶坂**《すいしょうざか》で登り着いた小尾根を右に登る。

尾根上をジグザグに高度を上げ、傾斜が緩むとブナ平だ。美しい樹林の中、穏やかな道はやがて**稜線の鞍部**に出る。反対側に作業道が下っているが、登山者は立入禁止だ。北へわずかで表参道に合流すれば、**両神山**山頂の剣《けん》ヶ峰《みね》はもうじきだ。

第二ルートへは**稜線の鞍部**に戻って直進する。道はか細くなり、狩倉《かりくら》尾根分岐で南に曲がると急な下りとなる。ヒゴノタオの鞍部から正面にそそり立つ**ミヨシノ岩**へは、クサリもある急登だ。足もとが切れ落ちた岩頭に立てば、ノゾキ岩、狩倉尾根などの険悪な岩稜が高く、西に広大な展望が開ける。

南へクサリとロープで急下降し、登り返すと**太双里**《ふとそり》のピークで、南下する梵天《ぼんてん》尾根と分かれ、東に下る。

■**鉄道・バス**

往路・復路＝西武秩父線西武秩父駅から小鹿野町営バス、薬師の湯で乗り換えて終点の白井差口へ。登山口まで徒歩1時間。

■**マイカー**

東京方面からは国道299号、県道37号、367号へ。行止りが登山口だ。駐車は山中氏の指示にしたがうこと。トイレあり。

■**登山適期**

5月上旬、10月下旬がベスト。12月～4月は雪山の支度と、経験、心構えが必要だ。

■**アドバイス**

▽本コースから表参道、八丁尾根など他コースへの縦走はできない。

▽民家の水源を行く本コースには、岩登り、沢登り禁止、たき火、タバコ禁止、犬連れ禁止など、制約が多い。しかし他人の土地に入らせてもらうのだからこれらは当然だろう。

▽第一ルートと第二ルートは困難度が極端に異なる。往復のつもりが好調だからと、第二ルートへ入ってはならない。第二ルートは登り禁止。

■**問合せ先**

山中豊彦☎0494・79・0494、小鹿野町観光協会（小鹿野町営バスも）☎0494・75・5060

■**2万5000分ノ1地形図**

両神山

道形はさらに薄く、尾根をはずさないように下れば、薄い岩稜を右からまく。**立木をくぐるハシゴ**を登り、1304㍍ピークで右折。またも岩稜の右を巻き、下り着いた平地から尾根を右にはずれる。

浅い沢状を左へ下り、小尾根、山腹と繰り返しながら北へ下るがわかりにくい。昇竜ノ滝上の**分岐**で往路に戻り着けば、緊張感から解放される。

CHECK POINT

1 登山道に入ると昇竜ノ滝が現れる。春にはイチリンソウなどが咲き乱れる

2 沢沿い道から山腹を登り、尾根に出たところが水晶坂だ。樹相が美しい

3 尾根道の上部は樹林が開け、ノゾキ岩方面が望まれる。秋には紅葉がみごと

4 急な登りから解放されると笹原が広がる大笹だ。稜線まではあとわずか

5 主稜線に出る。第二ルートへの下りは左、山頂は右に行き表参道に合わさる

6 山頂を往復したら表参道から制止ロープをくぐり、白井差新道に戻る

7 左に往路の第一ルート、右に登山者通行禁止の作業道を分け、第二ルートへ尾根上を直進する

8 狩倉尾根分岐から大きく下り、ミヨシノ岩へと登り返すとクサリが現れる

9 ミヨシノ岩は左右が切れ落ちた岩稜だ。展望を楽しむのは安定した場所で

10 第二ルートは太双里のピークから左に下るが、道標は足もとに目立たない

11 薄い岩稜を右から巻き下ると湾曲した立木の下をくぐり登るハシゴが現れる

12 読図困難なルートだが踏跡を慎重にたどれば往路に合流。ゴールは目前だ

06

県境にそびえる岩山へ。隣接する群馬県の孤岩峰とセットで

赤岩岳・大ナゲシ

あかいわだけ　1570m
おおなげし　1532m

道なし

日帰り

歩行時間＝4時間50分
歩行距離＝5・8㎞

技術度
体力度

コース定数＝19
標高差＝630m
累積標高差　840m　840m

赤岩峠から大ナゲシに向かう途中から振り返る赤岩岳

北稜のピナクルから大ナゲシを間近に仰ぐ

　赤岩岳は、群馬との県境に赤い岩壁を押し立てる岩山だ。埼玉県側の山懐には武田信玄の金鉱に端を発するニッチツ鉱山があり、かつて採掘した鉱石は人馬の背で赤岩峠を越え、群馬県側へ搬出されていた。峠をはさみ、赤岩岳と対峙する岩峰が大ナゲシ。群馬県側の山だが、赤岩岳と合わせて、道形かすかな2つの岩峰を楽しみたい。

　ニッチツ鉱山奥の**赤岩橋**を渡り、左へ分岐する鉱山住宅跡の道へ。廃屋群の先で右へ登るのが赤岩峠道で、入口には「群馬縣上野村ニ至ル」の石標が立つ。植林道から**三級基準点**で小尾根に出れば雑木林が美しい。木立の斜面を詰めると石祠が祀られる**赤岩峠**だ。

　赤岩岳へは東へ向かい、稜線を左にはずれてルンゼを登る。北稜のコルに出たら左手の**ピナクル**へ。目前の大ナゲシなど西上州の絶景が新鮮だ。コルから東へ急な岩稜を登り樹林帯に入る。**赤岩岳**にはい出れば、西端の岩上から帳付山《ちょうづけやま》、御座山《おぐらさん》、八《やつ》ヶ岳《たけ》などが広大だ。

■**鉄道・バス**
往路・復路＝秩父鉄道三峰口駅からタクシー約1時間でニッチツ鉱山奥の赤岩橋へ（秩父丸通タクシー☎0494・22・3633）。

■**マイカー**
圏央道狭山日高ICから国道299号、140号、県道210号、林道金山志賀坂線を経て約82㌔、2時間で赤岩橋。路肩に数台駐車可能。

■**登山適期**
5月上旬は新緑とアカヤシオが美しく日も長いのでベスト。10月下旬の紅葉もよいが、日が短いので注意。冬は半端な雪と岩の着氷、地面の凍結で厄介だ。

■**アドバイス**
▽整備された登山道ではなく、やぶの岩稜にルートを探る上級向けの山だ。岩場が苦手の人はNG。メンバーによりロープでの確保が必要なことも。赤岩岳から東に八丁峠へのびる赤岩尾根はクライミングの技術と装備が必要だ。

登山口に立つ古い石標

■**問合せ先**
秩父観光協会大滝支部（山麓情報のみ）☎0494・55・0707

■**2万5000分ノ1地形図**
両神山

赤岩岳からは来た道を**赤岩峠**に戻り、大ナゲシへ。稜線を西へ向かい、岩場上で振り返れば、赤岩岳が迫り来る巨艦のようだ。「九四」の標石から踏跡が北へ分かれ、樹林のピークを2つ越えると悪相の下部岩壁に突き当たる。正面の直立10メートルの岩場にロープがあるが、これは帰りにしよう。左の岩塊に赤ペンキを追い、チムニーを登れば西面の切れ落ちた外傾バンドに出る。クサリで登り、樹林中を抜けると上部岩壁だ。緩傾斜の岩壁から正面岩稜を登れば、**大ナゲシ**絶頂に躍り出る。

足もとが切れ落ちた岩峰からの大展望を満喫したら往路を戻ろう。行きのクサリ場を右に見て樹林の尾根を直進すると、直立10メートルの岩場上だ。固定ロープで慎重に下れば、往路に合流する。

外傾バンド上部のクサリ場を登る

CHECK POINT

狩倉岳をバックに赤岩峠へ向かい新緑の斜面を登る。道型は薄いが明瞭だ

▼

赤岩峠は上武を結ぶ今に残る貴重な峠道だ。南に向く石宮は、かつて鉱石搬出の人馬が越えた証だろう

▼

赤岩岳から宗四郎山（左端の尖峰）、帳付山（中央中景）、御座山（中央奥）、八ヶ岳（その奥）を眺める

▼

大ナゲシへ向かい上部岩壁を登る。幅広く傾斜は緩いが上部のクサリが目印だ

▼

クサリをすぎたら正面岩稜へ。いっきに山頂へ躍り出る爽快感がたまらない。背後は埼玉群馬県境の山々

注：赤岩橋へのアクセス道路は通行止めとなることがあるので、事前に確認が必要。

国道から見上げる春の二子山

07

日帰り

二子山

ふたごやま
1166m

歩行時間＝6時間
歩行距離＝7・0km

天空を切り裂く岩稜を行くスリルと展望のエキサイティングな一日

技術度

体力度

コース定数＝**22**

標高差＝666m

累積標高差 ↗804m ↘804m

いよいよクライマックス

奥秩父と西上州の境にある二子山は、西岳と東岳の2峰が並ぶ石灰岩の岩山だ。薄い岩稜のどこを登るのかとまどうが、ホールドは豊富でフリクションも頼もしい。西峰、中央峰、東峰と連なる西岳を縦走し、東岳を往復しよう。岩場のスリルと大展望が待っている。

坂本《さかもと》バス停から仁平《にへい》沢沿いの山道を登るが、今は通る人が少なく道標もない。車道に出て右に**坂本登山口**を分けると、次のカーブが**西岳登山口**だ。植林から雑木林に変われば**送電線鉄塔**で、二子山を間近に仰ぎ見る。山腹道から尾根に出たところで**ローソク岩への道**を右に分け、直進すれば岩場となる。岩間を縫い、7メートルほどのクサリを登ると稜線の**坂本下降点**だ。

ここからは両端が切れ落ちた岩稜となる。フェイス、リッジ、ルンゼ、チムニーと多彩な岩場にグイグイと高度を上げる爽快な登りは、緊張感もあって疲れを感じさせない。石灰岩採掘で頭を白く

■**鉄道・バス**
往路・復路＝西武秩父線西武秩父駅から西武観光バス、小鹿野役場乗換で終点坂本へ（西武観光バス☎0494・22・1635）。

■**マイカー**
圏央道狭山日高ICから国道299号を約60キロ、1時間30分で坂本登山口。路肩に数台の駐車スペースとトイレがある。

■**登山適期**
4〜12月。冬の積雪は少ないが、わずかな雪と岩の凍結でスリップの危険が高まる。

■**アドバイス**
▽岩場がダメな人、高所恐怖症の人、ストックが必要な人はNGのコース。
▽悪天候時はすべりやすく滑落の危険が高まる。入山してはならない。
▽マイカーで坂本登山口から林道を奥に入り、倉尾登山口からローソク岩経由で周回すれば、短時間で二子山のエッセンスを楽しめる。
▽岩稜直下の岩壁には登攀中のクライマーがいるので落石は厳禁。また登攀を終えたあとにクライマーがたどった踏跡が多く、それに迷い込んでの重大事故も発生している。

■**問合せ先**
小鹿野町観光協会☎0494・75・5060

■**2万5000分ノ1地形図**
両神山

平坦にされた叶山《かのうさん》を背後に、いつしか西峰を越えれば鋭い中央峰が目前だ。展望広がるやせた岩稜を注意深く登れば、三角点の埋まる**中央峰**に躍り出る。南の両神《りょうかみ》山《さん》、北の御荷鉾山《みかぼやま》などの大展望を楽しもう。

東へ岩稜を行き、東峰の手前で左へ稜線をはずれて一般コースを下る。北面の山腹だが、急峻でクサリも数ヶ所ある。傾斜が緩むと**股峠**《また》だ。

東岳《ひがしだけ》へは直進し、岩根沿いに左へ登る。右手の岩稜に出ると中間テラスで、突き立つ西岳が大迫力だ。正面の岩場を右手から慎重に登り、岩稜を小さく上下すれば**東岳**《ひがしだけ》。両神山がいっそう近い。

帰りは途中から北面にまわり、クサリで下ろう。**股峠**から南に下ればば沢沿いの樹林帯となる。道は荒れ気味なので注意したい。**坂本登山口**で林道に出ると往路はすぐ右下だ。

CHECK POINT

雑木林を抜けたところの送電線鉄塔でひと息入れる。目前の二子山が鬼気迫る迫力で行く手に立ちはだかる

坂本下降点からは岩稜登降の連続となる。落ち着いて岩を見れば、手がかり足がかりは豊富だ

西岳最高点の中央峰に到着。三角点があり大展望が開ける。南の岩壁はクライマーがいるので落石厳禁

東峰を越える上級コースは主にクライマーの下降路だ。一般コースもクサリが次々現れ気を抜けない

股峠に到着。南に坂本へ、北に群馬へと越えていた道が下る。東岳へは直進し、岩壁下を左寄りに登る

中間テラスから上は下が切れ落ちロープで確保したい。北面にまわればクサリで登れるルートがある

岩稜を登降し背後に西岳が高まると、東岳頂上はじきだ。山頂からは両神山がさらに間近い

股峠から坂本へ仁平沢沿いに下る。台風被害で荒れているので慎重にルートを読んで下ろう

08 観音山

かんのんやま
698m

札所めぐりで最も険しいお寺から背後に切り立つ尖峰に遊ぶ

日帰り

歩行時間＝4時間
歩行距離＝9・0km

技術度
体力度

コース定数	＝17
標高差	＝418m
累積標高差	650m / 650m

観音山は小鹿野《おがの》町と秩父《ちちぶ》市吉田《よしだ》の境界近くにそびえる小さな岩峰だ。山腹には岩窟中に鎮座する札所三十一番観音院《かんのんいん》があり、参拝客でにぎわうが、疎林の山頂は静寂の中だ。往古の城趾、峠道と合わせて楽しみたい。

山頂西端の岩棚から、両神山（左奥）、毘沙門山（中右）、二子山（右端）を眺める

地蔵寺は水子地蔵が壮観だ

栗尾《くりお》バス停から北西へ岩殿《いわどの》沢沿いの車道を行く。谷が開けると赤い前垂れをかけたお地蔵様の大群落が目を奪う。1万数千体もの水子地蔵が祀られる地蔵寺《じぞうじ》だ。観音山トンネルをくぐると**観音院駐車場**で、観音山への登山口となる。

一本石造り仁王像の祀られる山門（仁王門）から296段の石段を登ると鷲窟山《しゅうくつさん》観音院で、正面に本堂を抱く大岩窟が圧巻だ。本堂右脇を行き、分岐を右に入れば東奥の院に着く。奇岩に囲まれた観音院を見わたし、その背後に観音山が高い。石仏が並ぶ馬の蹄跡洞窟を通り、先ほどの分岐を右へ。地蔵寺への道を右に分けると**牛首《うしくび》峠分岐**となる。

右に木立の中を急登すれば稜線で、**観音山**は左にわずかだ。疎林の山頂だが、西端の岩棚からは、両神山《りょうかみさん》、毘沙門山《びしゃもんやま》、御荷鉾山《みかぼやま》な

■鉄道・バス
往路・復路＝西武秩父線西武秩父駅から西武観光バス約50分で栗尾バス停。

■マイカー
東京方面からは国道299号で小鹿野市街地を抜け、栗尾バス停から北へ岩殿沢沿いに行く。国道から約3㌔の車道終点が観音院駐車場。無料。トイレあり。

■登山適期
通年可能。新緑とミツバツツジの5月上旬、紅葉の10月下旬がベストシーズン。

■アドバイス
▽観音院とその周辺は岩石が崩れやすく、西奥の院など立入禁止となっている箇所もある。
▽途中で分かれる地蔵寺への道、北面の日尾へ下る道など本コース以外の道は荒れ気味だ。
▽小鹿野町には名物わらじカツ丼の安田屋（☎0494・75・0074）があるが、場所はわかりにくい。

■問合せ先
小鹿野町観光協会☎0494・75・5060、西武観光バス☎0494・22・1635

■2万5000分ノ1地形図
長又

どの展望がよい。
牛首峠分岐に戻り、北西への山腹道を進む。左に西奥の院への道を分けるが、ここは崩壊危険のため通行止めとなっている。道が尾根に出ると日尾《ひお》への道を右に分けて、手すりのある崖上を行く。クサリで8㍍ほど下り、日尾城址分岐を直進すると、石碑と石祠が祀られる日尾城址に着く。分岐に戻り、西へ下れば、巨岩を立ち割ったような**牛首峠**だ。吉田川沿いの倉尾《くらお》、赤平《あかびら》川沿いの栗尾の両集落を結ぶ峠だが、それらを経て上州や信州と秩父を結ぶ交易路のひとつでもあったのだろう。

峠から南へ下る沢沿い道は荒れ気味だが滝入口を2ヶ所すぎ、歩きよくなれば**観音院駐車場**は近い。

東奥の院からは、観音山が間近に高い

CHECK POINT

1 車道終点の観音院駐車場から山門をくぐり登る。山門には一本石造りで日本一の仁王像が祀られる

2 巨大な岩窟の中に本堂が祀られる鷲窟山観音院。西奥の院、滝の上洞窟石仏などは崩壊危険で立入禁止だ

3 牛首峠への道と分かれ、右へ観音山へと急登する。仁王像の加工場をすぎると唐松峠分岐の尾根に出る

4 観音山頂上は三角点奥の西端で両神山から御荷鉾山方面の展望が開ける。ここから西への尾根は下れない

5 牛首峠分岐からの尾根道は、日尾への道を分けて8㍍のクサリを下る。日尾城址分岐はすぐ先だ

6 日尾城址は木立の中に土塁が残る。石祠が日尾を向いて祀られ、そちらの山城であったことが偲ばれる

7 日尾城址分岐から西へ植林の平地を下り、岩稜を左に外れると巨岩を立ち割ったような牛首峠に出る

8 牛首峠から観音院へ戻る沢沿いの道は荒れ気味だが、滝への道を2ヶ所分けると歩きやすくなる

09 志賀坂諏訪山

いにしえの峠道をたどり諏訪大神の祀られる両神山の展望峰へ

しがさかすわやま
1207m

日帰り

歩行時間＝2時間15分
歩行距離＝4・5km

技術度
体力度

コース定数＝11
標高差＝427m
累積標高差 ↗495m ↘495m

山頂直前から両神山の大観が視野いっぱいに広がる

諏訪山頂上がだいぶ近づいた

志賀坂諏訪山は、埼玉県と群馬県を分ける志賀坂峠から南へのびる県境上の山だ。「諏訪山」というと群馬県上野《うえの》村の諏訪山が知られているので、紹介する諏訪山は志賀坂を冠してよばれている。山頂南西面は植林の斜面だが、今は伐採されていて、埼玉を代表する名峰・両神山を大迫力で眼前に仰ぐことができる。樹木がのびるまで数年の景観を楽しもう。

国道299号を埼玉から群馬へ向かい、志賀坂トンネルを抜けた左の**駐車場**が登山口だ。登山道に入るとすぐに尾根・谷コース分岐で、馬頭尊が立っている。左の尾根コースは古くからの志賀坂峠道。ジグザグの登りで山頂への道を分けると**志賀坂峠**に着くが、それらしい遺構も展望もない。

先ほどの分岐から南へ県境の尾根道を行けば、長い木段が2回続き、**送電線鉄塔**に出る。道は雑木林のやせ尾根に続き、ロープもある急登に息を切らすと、**谷コース分岐**となる。直進し、右手に諏訪山頂上が見えると右にカーブ。山頂入口から左へ戻るように登れば、いきなり眼前が開ける。間近

■鉄道・バス
往路・復路＝西武秩父線西武秩父駅から西武観光バスに乗り小鹿野役場下車。タクシーで志賀坂峠まで約40分。

■マイカー
東京方面からは国道299号を行き、志賀坂トンネルを出るとすぐ左が駐車場。無料。

■登山適期
通年可能だが、冬は志賀坂峠付近の路面が凍結する。5月上旬、10月中旬がベスト。

■アドバイス
▽樹林の状況で展望は変化する。かつては山頂北面から北アルプスが望めた。両神山の展望はいつまでか。
▽山頂から群馬側へ下る間物沢ルートには、登山口近くに九十ノ滝があり冬には結氷する。
▽小鹿野の町外れに赤谷温泉小鹿荘（☎0494・75・0210）があり、入浴できるが、事前に問合せを。

■問合せ先
神流町観光案内所☎0274・57・3305、小鹿野町観光協会☎0494・75・5060、西武観光バス☎0494・22・1635、丸通タクシー小鹿野営業所☎0494・75・0206

■2万5000分ノ1地形図
両神山

に尖峰並び立つ両神山《りょうかみさん》が傲然たる迫力だ。

　登り着いた**諏訪山**頂上には諏訪神社が南向きに祀られている。古来より狩猟、農耕、武闘の神としてあがめられる長野県・諏訪大社の数ある分社のひとつだ。

　山頂から北へ下り、左に間物沢ルートを分ければ、すぐ右で往路に合流する。遠く武甲山方面や二子山などを眺めて**谷コース分岐**に戻る。

　帰りは谷コースを下ろう。山腹から沢沿いとなるが、若干荒れ気味だ。左岸通しに下り傾斜が緩むとあずまやが現れる。この下で右岸に渡り、春には花々に彩られる沢沿いに下れば出発点はもうじきだ。

ハシリドコロ（右）、ミツバツツジ（左）などが春の沢沿いを彩る

CHECK POINT

志賀坂トンネルを群馬側に抜けてすぐ左の駐車場が登山口だ。コース案内の看板が立つがトイレはない

志賀坂峠への道には馬頭尊が祀られ往時を彷彿とさせる。しかし峠には何の遺構も見当たらない

長い木段に息を切らすが、鉄塔をすぎると気分よい雑木林のやせ尾根となり、傾斜はしだいに増してくる

谷コースを分けると傾斜は緩み、春の新緑、秋の紅葉と季節感豊かな美しい山腹道となる

諏訪山頂上は両神山の大展望に目を奪われるが、三角点の奥に諏訪大神の祠が南を向いて祀られている

来た道を分岐へ戻る。同じ道でも帰りは武甲山や二子山などを眺める道だ。分岐からは谷コースへ下る

谷コースは尾根コースより歩く人が少ないらしく荒れ気味だ。正面に二子山を眺めて下ればあずまやに着く

あずまやの脇から沢を渡る。春には花々が咲き乱れる道だ。右岸通しにまっすぐ下れば出発点に戻り着く

10

戸蓋山

とぶたやま
615m

人跡まれな木立の山稜は、読図トレーニングに最適な静寂境

日帰り

歩行時間＝4時間5分
歩行距離＝5.5km

技術度
体力度

！道なし

コース定数＝15
標高差＝275m
累積標高差 588m 628m

鉄塔に出ると南西に展望が開け、両現山（左端）、瞽女ヶ岳（中央）、辺見ヶ岳（右端の双耳峰）と連なる辺見ヶ岳山稜を見わたす

戸蓋山には昭和34年の石祠が南向きに祀られる

大平バス停から、龍王山（中央奥）を振り返る

両神山《りょうかみさん》の前東岳《まえひがしだけ》から派出する天理《てんり》尾根は、天理岳、奈良尾《ならお》沢峠などを経て赤平《あかひら》川と薄《すすき》川を分け、東に延びて小鹿野《おがの》町に消える。戸蓋山から高突山《たかつきやま》は、その末端近くの地味な連なりだ。戸蓋山は山城跡といわれ、戸蓋峠は旧薄村と旧三田川《みたがわ》村を結び、秩父と上州・信州との交易路でもあった。樹林の山稜は起伏と曲折が多く、薮は薄いが、道も道標も目印もない。登山者をみることも稀で、読図を楽しむのに好適な山だ。

今神《いまがみ》バス停から北へ加明地《かみょうち》を目指す。橋を渡り、集落奥から右手、人家への砂利道へ。ここが**登山口**で、畑地から山道に入るが、道標はない。

峠道は植林の山腹に続き、荒れ気味だが、貯水槽を過ぎると明瞭になる。尾根に出たところが**戸蓋峠**で、頭のない2体の石仏が寂しげだ。東へ尾根を進むと樹林の中ながら、両端の切れ落ちたナイフエッジとなる。慎重に通過すると急登わずかで**戸蓋山**。南向きの石祠が祀られる山頂は木立の中だ。

尾根を東へ下り、送電線鉄塔に出れば、南西に両現山《りょうげんやま》から辺見《へんみ》ヶ岳《たけ》へ連なる寂稜を見わたせる。小さな上下で登り着いた**三角点ピーク**も樹林中だが、現在地を確認できる貴重な地点だ。ここから高突山までは小さな上下と屈曲の多い尾根で、展望はなく、常に地形図と現在地を照合しながら進むことになる。

高突山は植林の中に「県造林」の標石が埋まるだけ。南へ直角に下るのがルートで、荒れた竹林の瘦せ尾根を急下降。鞍部から登り返すと「八大龍王」の石碑が立つ**龍王山《りゅうおうさん》**だ。ここも展望は皆無。

南西への急な尾根を慎重に下り、平坦になると道らしくなって、溝状の道形は尾根を左に外れる。稲荷神社を左に見て鳥居を出たら右へ。里道を右に下り、バス道を左にわずか行けば**大平《おおだいら》バス停**に着く。

CHECK POINT

今神バス停前の古い石標には戸蓋峠が飛田峠と書かれている。平坦な山上に田があったのか

戸蓋峠登山口。西平への舗装路と分かれ、右の民家へ入るような砂利道へ。直進すると峠道が現れる

戸蓋峠には安永三年の石仏が祀られる。付近と西へのびる尾根筋は田があったかと思うように平坦だ

戸蓋山へ向かうと木立の尾根はナイフエッジとなる。自然の岩稜か、山城のための人為的な構築か……

戸蓋山を越えた送電線鉄塔が唯一の展望地。浦島の御嶽神社から両神山へ連なる辺見ヶ岳山稜を見わたす

567mの三角点。樹林の尾根の貴重な現在地確認地点だ。この先は屈曲の多い尾根で慎重に読図する

高突山から南に下り、八大龍王の石碑が立つ龍王山で現在地確認ができる。この先は急下降だ

稲荷神社を見て鳥居をくぐれば里道に出る。丁字路を右に下ると住宅地を通り大平バス停まで遠くない

■鉄道・バス

往路＝西武秩父駅から小鹿野町営バス（☎0494・75・5060）薬師の湯乗り換えで今神下車。復路＝大平より小鹿野町営バス（薬師の湯乗り換え）で西武秩父駅へ。

■マイカー

圏央道狭山日高ICから国道299号、県道37号経由で約60㌔、1時間で両神温泉薬師の湯。ここに駐車し、小鹿野町営バスを利用する。

■登山適期

10～5月。冬の積雪は少ないが、地面の凍結に注意。夏は暑さとクモの巣、見通しの悪さで不適だ。

■アドバイス

▽低山だが登山者の痕跡はなく、探検的要素に満ちている。事前に登山道のある山で読図に習熟しておく。

▽戸蓋山は要害山の異称もあるが、戸蓋峠の近くなので戸蓋山と地元でよばれる。戸蓋峠は飛二（とふた）峠とも書かれる

▽バス乗り換え点は両神温泉薬師の湯（☎0494・79・1533）だ。汗を流して帰途につきたい。軽食あり。道の駅を併設し、隣接して農産物販売所もある。

■問合せ先

小鹿野町観光協会☎0494・75・5060（山麓情報のみ）

■2万5000分ノ1地形図

長又

11

道なき樹林の尾根をたどり展望広がる秘められた岩峰へ

毘沙門山

びしゃもんさん
997m

日帰り

歩行時間＝5時間35分
歩行距離＝8・5km

技術度
体力度

道なし

コース定数＝**21**

標高差＝637m

累積標高差 ↗825m ↘825m

南面の赤平川沿いから見上げる毘沙門山

2万5000分ノ1地形図「長又《ながまた》」の中央左手にある白石山《はくせきさん》は石灰岩の岩峰だ。同名の山は他にもたくさんあるが、南山腹に祀られていた毘沙門神社による毘沙門山という別名の方が親しまれている。東麓の馬上《もうえ》集落近くには山名にちなむ毘沙門水が湧き、環境省による平成の名水百選に選定されている。

この毘沙門山は、1970年から1980年代後半にかけて、石灰岩採掘のため登山禁止となっていた。採掘が終了した現在でも、南面の林道からは進入禁止だ。したがって、ここでは登山可能な北面からのコースを紹介しよう。ただし、整備された登山道ではないため、読図力が必須となる。また、コースの下部は荒れ気味の送電線巡視路を使えるが、上部は滑りやすく、急峻な泥尾根となる。登り着いた山頂は四囲が切れ落ちた岩峰で、両神山《りょうかみさん》をはじめとした大パノラマが壮観だ。

要《かなめ》トンネルバス停先の要トンネル手前から左へ橋を渡り、長合沢《ながおさわ》林道に入る。林道終点から崩れそうな木橋の手前で右岸へ。左に曲がってすぐ左岸に渡ると北へジグザグの急登となる。尾根に出て左へ行くと**送電線鉄塔**に着く。

道は木立の尾根上を緩やかに高まるが、左に壊れた作業小屋を見るとかすかな踏跡となる。尾根は北からの支稜をいくつも合わせ南へカーブする。頭が赤い黒杭の埋まる**ラストコル**からは、泥ザレの滑りやすい急登を200m《メートル》。**長合沢ノ頭**（仮称）で出た稜線は樹林の中だ。

稜線を東へ。蟻地獄のような穴

■電車・バス
西武秩父線西武秩父駅から西武観光バスで小鹿野町役場へ。ここで同バスの長沢行きに乗り換え、計約1時間の要トンネルバス停で下車する。

■マイカー
関越自動車道花園ICより国道140号、299号で小鹿野町へ。県道71号、282号と走り、約37キロ、約1時間で要トンネル。トンネル前後の路肩に駐車可能。

■登山適期
通年可能だが、冬は泥の急斜面は積雪、凍結があり、本格的な冬山技術が必要となる。

■アドバイス
▽崩れそうな木橋、ラストコル～長合沢ノ頭の急登降、山頂直下の急登降と困難かつ危険箇所が多く、ロープを携行したい。コース中に道標は皆無。目印のテープも少ない。特に下りは尾根の分岐が多いので慎重に。東峰は山頂すぐ東の岩峰で、鞍部から右寄りに登る

名水の毘沙門水

吉田元気村で入浴可

毘沙門山から両神山（左）、二子山（右）、長合沢ノ頭（手前）を眺める

を過ぎると岩稜になる。北面から岩屑で滑る岩間の踏跡を急登すれば、天空に突き出た**毘沙門山西峰**だ。三角点のある西峰は、毘沙門山最高点で、本日唯一かつ極上の展望台だ。全周に広がる山岳展望を堪能しよう。

西峰から**東峰**は近いが、無理をしないこと。帰りは往路を、登り以上に慎重に下らねばならない。

CHECK POINT

1 要トンネルは新旧２つ並ぶ。左の旧道に入り左折して橋を渡り旧倉尾中体育館横の長合沢林道を行く

2 林道終点の先に崩れそうな木橋がかかっている。その手前で左に沢を渡り、右岸の道に出る

3 取付きは崩壊気味だが、登ると踏跡は明瞭になる。稜線手前で作業道に合わさるがその下部はすでにない

4 左に廃屋を見る。このあたりから雑木林と変わり、か細い踏跡となるが、やがてそれもなくなる

5 激しい急登で着いた長合沢ノ頭は２つの小岩塊と６株立ちの樹木が特徴だ。帰路の目印に記憶しよう

6 三角点のある毘沙門山頂上は全周全開の大展望。両神山が間近で二子山、御荷鉾山などを見わたせる

が、わかりにくい。

■問合せ先
小鹿野町観光協会☎0494・75・5060（山麓情報のみ）、西武観光バス☎0494・22・1635

■2万5000分ノ1地形図
長又

長久保ノ頭から摩利支天尾根へわずか入ると、城峯山（左）から武甲山へかけての展望が広がる。中央右奥の三角は笠山

12 いにしえを偲び、変転はげしい樹林の山稜を行く

父不見山

ててみえずやま
1047m

日帰り

歩行時間＝4時間50分
歩行距離＝11・0km

技術度
体力度

コース定数	＝21
標高差	＝730m
累積標高差	↗795m ↘1016m

「父不見御荷鉾も見えず神流川星ばかりなる万場の泊り」

父不見山は、尾崎喜八『神流川紀行』の一首で世に知られることとなった。「ザル平《だいら》の頭《あたま》」の呼称もあり、山頂には「三角天」と彫られたダルマ形の石が祀られ、古くから親しまれた山だとわかる。かつては雑木林の美しい山稜であったが、現在はほとんどが植林地だ。植林の状況しだいで、薄暗い山、好展望の明るい尾根、と印象が激変する山でもある。林業のための林道、作業道も多い。

バス終点の**長沢**《ちょうざわ》から谷奥へ車道をたどる。石垣の家の角を右に曲がると作業道となって、旧峠道との分岐である**坂丸**《さかまる》**峠入口**に着く。坂丸峠への旧道は沢沿いに直進するが、やぶがひどい。右へ「父不見山」の道標でなおも作業道を登る。送電線巡視路の黄柱「新榛名線一四三号へ」の立つ丁字路を左へ。植林中の緩い登りが雑木林に変わると車道に出る。林道西秩父線で、左に行けば先ほどの峠道を合わせ、右へ坂丸峠への道に入る。バイクに破壊されたタイヤ痕激しい悪路だ。登り着いた**坂丸峠**は北へ神流《かんな》川筋への道が越えるが、峠の石宮は倒木の陰だ。

東へ山腹道を行き、作業道を見ると尾根上の凹地に出る。ここからは尾根上の登りとなって**長久保**《ながくぼ》**ノ頭**《あたま》に登り着く。三角点名「大塚《おおつか》」の道標が立つ本コースの最高点だ。「摩利支天」の方向にわずか行けば、東面に武甲山《ぶこうさん》、笠山《かさやま》、

シュウカイドウ（上）とシュウメイギク（下）

■**鉄道・バス**
往路＝西武秩父線西武秩父駅から西武観光バス小鹿野役場乗換で終点長沢下車。
復路＝同バス長久保入口から西武秩父駅へ（小鹿野役場乗り換え）。

■**マイカー**
首都圏からは国道299号、県道71号、282号で、食事もできる倉尾ふるさと館（☎0494・78・0031）に駐車（無料）。前記バスを利用する（自由乗降区間）。

■**登山適期**
10～5月。通年可能だが、落葉期の方がよい。

■**アドバイス**
▽長久保ノ頭から南へ下る尾根は作業道が続く。上部は鹿柵が張られイバラのやぶが激しく、摩利支天の石祠も不明。マイカーなら林道西秩父線の広い路肩を選んで駐車し、尾根道から父不見山フラワーラインを周回するのもよい。
▽合角ダム下には秩父市吉田元気村（☎0494・78・1000）があり入浴できる。

■**問合せ先**
小鹿野町観光協会☎0494・75・5060、神流町観光案内所☎0274・57・3305、西武観光バス☎0494・22・1635

■**2万5000分ノ1地形図**
万場・長又

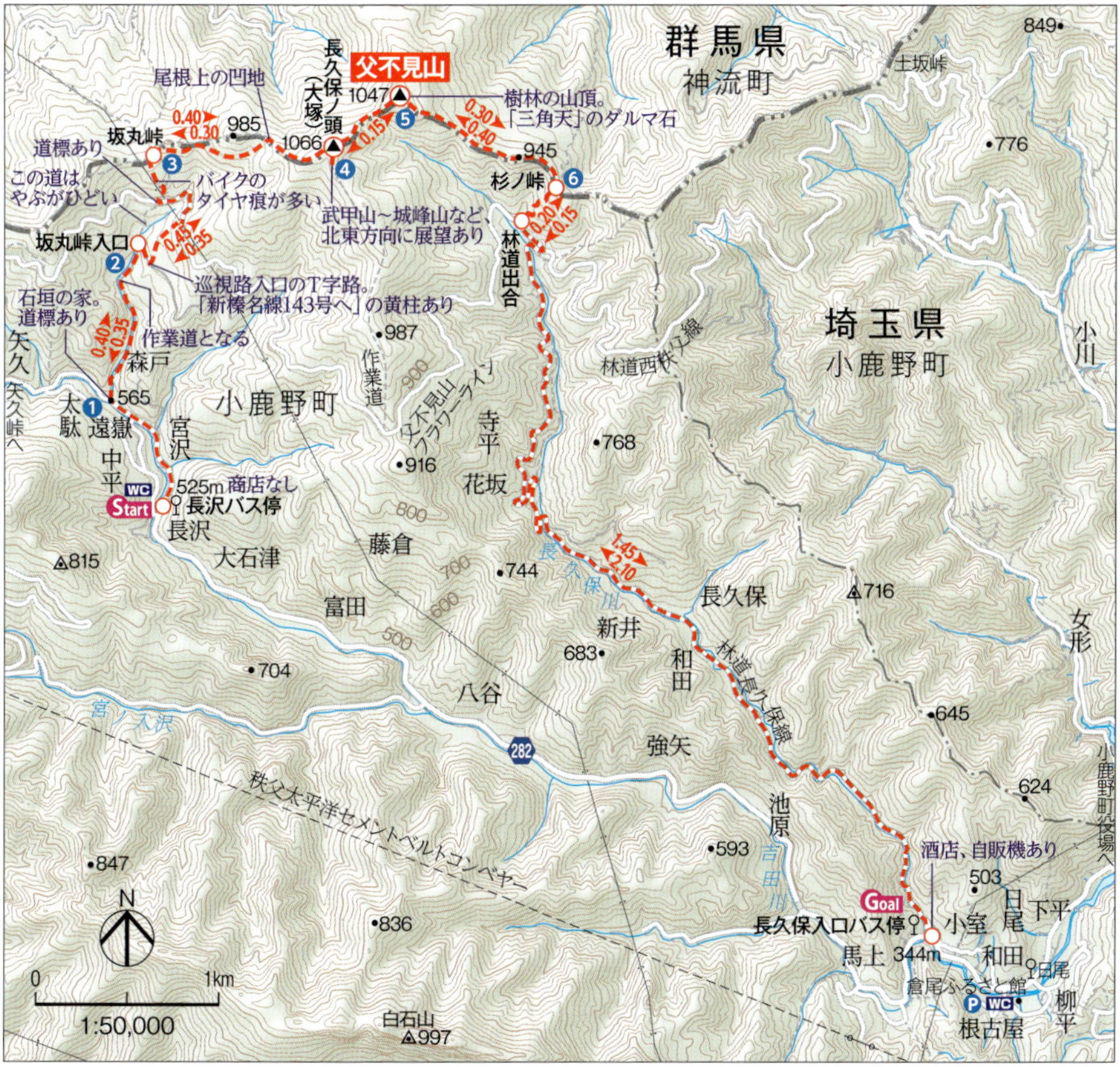

CHECK POINT

バス停からりっぱな家並みの多い車道を進行方向に進み、森戸集落で石垣の角を右へ。道標が立っている

「父不見山」の道標で右に分かれる作業道へ。植林中で左折し車道に出る。直進する旧峠道はやぶがひどい

神流町小平へ越える坂丸峠。峠の石宮は立木の陰だ。尾根上には神流町トレイルランニングの道標が続く

長久保ノ頭には三角点名の「大塚」が記されている。南へ進むと東に展望が広がり作業道が尾根をからむ

父不見山頂上には「三角天」の石碑が鎮座する。これだけは樹相の推移にかかわらず不変だ

杉木立中に石祠が祀られる杉ノ峠。神流町生利への道が北に下り、南は林道西秩父線が近い

城峯山《じょうみねさん》などの展望が大きい。

東へ下り、登り返すと「三角天」が迎える**父不見山**だ。樹林中で展望はない。東へ植林の尾根を下ると石祠の祀られる**杉《すぎ》ノ峠**。南にひと下りで**林道西秩父線**に出る。東へ行き、右の林道長久保線へ。山村風景を眺めつつ林道を下れば、**長久保入口バス停**に着く。

13

群馬との県境尾根上に小さく突き立つ三角錐の不遇な鋭鋒へ

宗四郎山

そうしろうやま
1510m

日帰り

歩行時間＝2時間5分
歩行距離＝3・0km

技術度

体力度

!道なし

コース定数＝8	
標高差＝270m	
累積標高差	↗ 320m
	↘ 320m

両神山《りょうかみさん》から西へのびる尾根は、険悪な赤岩《あかいわ》尾根の岩稜を連ね、埼玉・群馬の県境をなしている。その先にも大《おお》ナゲシ、大山《おおやま》、天丸《てんまる》山《やま》と県境から北へ派出した岩峰が並び、西上州の岩山として人気が高い。大ナゲシと大山の間にあるのが宗四郎山で、1510㍍の標高点があるが、地形図に山名はない。大ナゲシ～大山縦走の際にこれを越えるが、アクセスは不便で、道なき岩稜にルートを探る長丁場の縦走となる。けれど宗四郎山だけなら、埼玉県側から林道上《うえ》野《の》大《おお》滝《たき》線を利用し、短時間で登頂可能だ。とはいえ、登山道は整備されてなく、たどる古い峠道は崩壊寸前。読図力と道なき山の経験が必

埼玉県側の林道上野大滝線から見上げる宗四郎山

行く手に宗四郎山を見上げて雑木林の県境尾根を行く

南天山から眺める宗四郎山（左）。右は六助ノ頭

■鉄道・バス
群馬県上野村の民宿に泊まり送迎車を利用する。

■マイカー
東京方面からは国道299号、140号、県道210号を経て雁掛トンネル手前から林道上野大滝線へ。天丸トンネル手前の広場は土捨て場で駐車場でないが、付近路肩に駐車可能。林道の埼玉県側が通行止めの場合には、群馬県側からのアクセスとなる。

■登山適期
林道は12～4月は冬期閉鎖だ。5月上旬、10月中～下旬がベスト。

■アドバイス
▽群馬県側からの登山口が不明なら埼玉県側からの往復とする。

ミツバツツジは5月上～中旬に尾根筋を彩る

■問合せ先
秩父市大滝総合支所地域振興課☎0494・55・0861、秩父農林振興センター森林管理道担当☎0494・24・7215（林道埼玉県側）、上野村産業情報センター☎0274・20・7070（林道群馬県側、民宿など）

■2万5000分ノ1地形図
両神山

要だ。

天丸トンネル埼玉県側入口から トンネルを抜け、数十《メートル》先で左から入る小さな涸沢が**登山口**だ。この左岸を登るが、道標はなく、踏跡は崩壊気味だ。じき古い峠道に出て南へ道形を探り登るが、やぶと崩壊で苦労する。東にカーブし、尾根に出たところが**山吹峠**《やまぶきとうげ》だ。山の神の石祠が祀られ、「山の神」「六助」ともよばれる。

稜線の踏跡は明瞭で、東へ向かえばロープやハシゴのある急登となる。小ピークを越え、雑木林の尾根が平坦になると、宗四郎山が間近に高い。さらにコブを越えると本格的な登りとなる。固定ロープを頼りに樹林の急斜面に両の手と足を駆使すれば、頂上はじきだ。

周囲の切れ落ちた**宗四郎山**から は、両神山、雲取山《くもとりやま》、和名倉山《わなくらやま》、甲武信岳《こぶしだけ》、金峰山《きんぷさん》、小川山《おがわやま》、高天原山《たかまがはらやま》、帳付山《ちょうづけやま》、焼岩《やけいわ》、浅間山《あさまやま》と、意外な大展望が感動的だ。

帰りは**山吹峠**へ戻り、左前方へ埼玉県側に下る。植林中に群馬県側よりはよい道が続き、山吹トンネル東側の沢から林道に出る。**天丸トンネル**はこの林道を東へ行けばわずかな距離だ。

CHECK POINT

1

峠道への取付点（登山口）はトンネルから群馬側へ数十《メートル》の小沢だ。左岸の踏跡を登る

2

群馬側の古い峠道は荒廃しやぶもある。慎重に道形を追い、山吹峠が近くなれば踏跡は明瞭になる

3

山の神が祀られる山吹峠。背後に焼山が高い。尾根上にはこれまでより明瞭な踏跡が東西にのびている

4

東へ向かう県境尾根にはハシゴやロープがつけられているが、個人が善意で設置したものと思える

5

宗四郎山への急登にもロープが続く。ありがたいが管理はされてないので慎重に使おう

6

宗四郎山は東面を除き 270 度の展望に恵まれる。山々の眺めを楽しみつつゆっくり休みたい

7

山吹峠から埼玉側へは植林中に群馬側よりよい道が続く。下部が崩壊気味だが林道が見えている

8

林道に下りたところは山吹トンネル東側出入口だ。東へ林道を行けば出発点に戻り着く

注：2025 年 2 月現在、林道上野大滝線は埼玉県側、群馬県側ともに崩壊などにより通行止め。

14 南天山

中津川の谷奥に目立たぬ大展望の岩峰を周回ルートで楽しむ

なんてんさん
1483m

日帰り

歩行時間＝5時間30分
歩行距離＝10.5km

技術度
体力度

コース定数＝24
標高差＝742m
累積標高差 ↗1056m ↘1056m

高度が上がると南西に展望が開ける。破風山（中央）、三宝山（右）、中ほどに白泰尾根

法印ノ滝は左の山腹を登る

　両神山《りょうかみさん》から西へ連なる埼玉・群馬県境岩稜のすぐ南に、南天山は小さく高まっている。北面には険悪なルンゼや刃のような岩稜をあまた秘めているが、南面からは容易に周回できる。

　バス終点の**中津川**《なかつがわ》から三国《みくに》峠への市道17号（旧中津川林道）を行く。未舗装路で素掘りのトンネルもある道だ。**鎌倉**《かまくら》**橋**を渡った右側が南天山登山口で、このあたり一帯は「彩の国ふれあいの森」とされ、南天山はその中の「体験の森」として整備されている。

　鎌倉沢右岸の高みを行く登山道はじき沢身に下りる。桟道やクサリで左右に沢を渡りながら緩やかに登る、季節感豊かな道だ。

　小滝を左から越えると20メートルほどの**法印**《ほういん》**ノ滝**が現れる。しずしずと広がりながら岩壁をすべり落ちる気品を感じる滝だ。左の斜面から滝上に出ると水量は減り、二又をすぎると沢、尾根の**両コース分岐点**に着く。右に帰路の尾根コース

■鉄道・バス
秩父鉄道三峰口駅から西武観光バス約1時間で中津川。

■マイカー
東京方面からは国道299号、140号、県道210号で中津川。そのまま未舗装の市道17号を行き、鎌倉橋を渡った左側に約10台の駐車場がある。無料。市道17号の走行は、パンクに注意。

■登山適期
通年可能。冬の積雪は少ないが、ロングスパッツ、軽アイゼンは必携。5月上旬、10月下旬がベストシーズン。

■アドバイス
▽電車・バス利用の場合、中津川のこまどり荘（☎0494・56・0100）に泊まれば余裕がもてる。12〜3月は冬期休業。
▽アクセス途中の道の駅大滝温泉遊湯館（☎0494・55・0126）で入浴できる。食事、土産もOKで、西武秩父駅へのバスもある。

■問合せ先
秩父市大滝総合支所地域振興課☎0494・55・0861、彩の国ふれあいの森管理事務所☎0494・56・0026、西武観光バス☎0494・22・1635

■2万5000分ノ1地形図
両神山・中津峡

と分かれ、右岸通しに沢コースへ進もう。

沢沿いの道は二又からその中尾根に取り付く。急登の傾斜が緩むと南面が開け、三宝山《さんぽうざん》や白泰《はくたい》尾根方面を見わたせる。ひと登りで**稜線直下**の道に出るが、西へは通行止めだ。東へ向かうと木立越しに南天山を見上げて下り、登り返すと北面の開ける小ピークに立つ。帳付山《ちょうづけやま》が無骨な姿を見せる。**尾根コースを合わせ**、露岩が目立つようになると**南天山**頂上に着く。

周囲が切れ落ちた山頂からは、360度の展望が広がる。北に両神山から赤岩《あかいわ》尾根、帳付山へと連なる埼玉・群馬県境の山々。南には三宝山から三国峠へいたる埼玉・長野県境の尾根、甲武信岳《こぶしがたけ》、破風山《はふうさん》、和名倉山《わなくらやま》など奥秩父の山々。

帰りは**合流点**に戻り尾根コースへ。カラマツ林の美しい斜面が植林帯に変わると、**両コース分岐点**で往路に戻り着く。

山頂から赤岩岳（右）と大ナゲシ（左）

CHECK POINT

1 鎌倉橋を渡った右側が南天山登山口だ。登山届に記入しよう。道の反対側に10台ほどの駐車場がある

2 鎌倉沢沿いには橋、ハシゴなどが整備されて歩きやすい。コース分岐点から直進して尾根に取付く

3 尾根道を東に進むと南から尾根コースが合流する。この先は露岩の多い登りで軽い緊張感が楽しい

4 南天山頂上は全周に開けた展望台だ。よい道はここまでで、東へ激しく起伏する尾根上に道はない

5 帰りは尾根コースを下ろう。季節感豊かなカラマツ林をジグザグに急下降し、植林に入れば往路は近い

15

中津仙境に突き立つ孤高の岩峰へハイグレード・ハイキング

秩父槍ヶ岳

ちちぶやりがたけ
1341m

日帰り

歩行時間＝5時間30分
歩行距離＝6・0km

技術度 ■■■■□
体力度 ■■□□□

!道なし

コース定数＝22

標高差＝805m

累積標高差 ↗950m ↘950m

中双里より見上げる秩父槍ヶ岳

紅葉の名所として知られる中津《なかつ》仙境に、ドングリを突き立てたような岩峰が目を引く。高く尖っていることから「タカトンゲ」ともよばれる秩父槍ヶ岳だ。地形図の中央上部で岩記号に囲まれた1341ﾒｰﾄﾙの標高点で、この付近の最高点ではないが、尾根筋から前に押し出ているために最も高く見える。登山口から稜線までは「彩の国ふれあいの森」の「野鳥の森歩道」として整備されているが、稜線上は道のないハイグレード・ハイキングの世界だ。

相原橋バス停から「野鳥の森歩道」の道標にしたがい、相原沢左岸の道へ。右上の**休憩所**から山頂へ直接突き上げる尾根は、滑落事故が多発し、危険なので通行止めだ。歩道は沢沿いに続き、二又の先で右手の**尾根に取り付く**。巨岩を見上げて植林の山腹道を登り、尾根に出るが、現在地を示す明瞭な道標はない。沢道から稜線へのほぼ**中間点**で、ここから道は尾根上となる。樹間から秩父槍ヶ岳を垣間見て、**「野鳥の森歩道終点」**の朽ちかけた道標をすぎると稜線に出る。帳付山方面が新鮮

目指す秩父槍ヶ岳が、すぐ北にそびえる

気分よい雑木林の岩稜となれば頂上は近い

■鉄道・バス
往路・復路＝秩父鉄道三峰口駅から西武観光バス50分の相原橋下車。

■マイカー
東京方面からは国道299号、140号、県道210号で相原橋に着く。約20台の駐車場（無料）、冬期閉鎖のトイレがある。

■登山適期
通年可能で冬は見通しがよいが、少ない雪や路面の凍結でスリップの危険が高まる。5月上旬、10月下旬がベスト。

■アドバイス
▽相原橋の駐車場は観光シーズンには露店や観光客の車で混雑する。
▽「野鳥の森歩道」は道の手入れはされているが、道標は古いままだ。
▽山頂からの帰りは途中までは登りとなる。
▽アクセス途中には日帰りの大滝温泉遊湯館（☎0494・55・0126）があり、食事もできる。

■問合せ先
秩父市大滝総合支所地域振興課☎0494・55・0861、彩の国ふれあいの森管理事務所☎0494・56・0026

■2万5000分ノ1地形図
中津峡

だが、登山道はここまで。

ここから山頂へは稜線上に踏跡を探ることとなる。急なやせ尾根を下り、登り返したピークには「コンサイス秩父槍ヶ岳」の道標があり、山頂より高い。

北へ急下降し、稜線に出ると踏跡は二分する。山頂へは左山腹だが、稜上をわずか行けば和名倉山方面の展望がすばらしい。元の分岐から北山腹をたどり、左に中津川への踏跡を分ける。稜線にルートを求め小尾根を右に越えれば雑木林のやせ岩稜がよい気分。山頂は目前だ。樹林中、展望皆無の小平地は期待外れだが、ここがドングリのような岩峰・**秩父槍ヶ岳**頂上だ。

帰りは往路を注意深く下ろう。

CHECK POINT

1 相原橋の登山口から野鳥の森歩道へ。秩父槍ヶ岳を示す道標はない

2 すぐに右折して石段を登り、相原沢左岸の遊歩道を行く

3 右上に野鳥観察小屋を見る。ここから山頂への尾根は通行止めだ

4 二又は桟道で右又を渡り、左又の左岸を登る。木立と流水の対比が絶妙だ

5 尾根に取付くとすぐ右に覆いかぶさるような巨岩が現れ、その下を左に

6 穏やかな山腹道を行き、尾根に出ると「終点へ 750メートル」の道標が立つ

7 ロープを登ると樹間越しに秩父槍ヶ岳が迫ってくる

8 大岩の立つ稜線が野鳥の森歩道終点で、この先は手入れされていない尾根となる

9 稜線から山頂まで道はない。踏跡を拾い山頂へは急な下りからはじまる

10 露岩交じりの尾根はやせて両側が切れ落ちている。足運びはていねいに

11 「コンサイス　秩父槍ヶ岳」と書かれたピークは目指す槍ヶ岳より高い

12 樹林中の秩父槍ヶ岳頂上は展望ゼロ。東へ下る尾根には通行止めの札がかかる

注：2025年２月現在、本コースは未整備で危険なため、通行止めとなっている。

16

クサリと岩稜のスリルを楽しみ、静寂な尾根道を下る

四阿屋山

あずまやさん
772m

日帰り

歩行時間＝3時間10分
歩行距離＝4・5km

技術度

体力度

コース定数＝12

標高差＝421m

累積標高差 ↗472m ↘511m

四阿屋山頂上から眺める両神山と、足もとから両神山に突き上げる尾根筋

四阿屋山は両神山《りょうかみさん》から東南へのびる辺見《へんみ》ヶ岳《たけ》山稜末端の岩山だ。フクジュソウで名高いが、山頂付近は岩場が多い。さらに南へ下るつつじ新道はクサリが連なる岩稜だ。これを登ってスリルと展望を、そして早春なら花と合わせて楽しみたい。帰りは登山者が少なく静かな鳥居山《とりいやま》コースを下ろう。

大堤《おおつつみ》バス停のすぐ先がつつじ新道登山口だ。右へ植林の斜面を登り、傾斜が緩むと**山居《さんきょ》への道**が右に分かれる。直進するとすぐ岩場だ。クサリを頼りに登るが、2段目は直立した感じで手強く、メンバーによってはロープでの確保が望ましい。

やせた岩稜にまたもクサリが現れ、さらに岩稜を上下する。右から合わさるのは帰路の薬師堂《やくしどう》コースだ。続いてクサリの斜面を直上すれば**四阿屋山**頂上に躍り出る。北西に開けた山頂からは両神山や二子山《ふたごやま》を見わたせる。

帰りは薬師堂へ向かうが、下りはじめはやはりクサリのある岩場

セツブンソウ自生地

セツブンソウ

園地のフクジュソウ

■鉄道・バス
往路＝西武秩父線西武秩父駅から小鹿野町営バスに乗り、両神温泉薬師の湯で同バス白井差口行きに乗り換えて大堤下車。
復路＝両神温泉薬師の湯から西武秩父駅へ。

■マイカー
関越自動車道花園ICから国道140号、299号、県道37号を行き、両神温泉薬師の湯第二駐車場に駐車（無料）。バスで大堤バス停へ。

■登山適期
通年可能だが降雪直後の岩場は滑落注意。2月下旬～3月上旬にはフクジュソウと堂上のセツブンソウを楽しめる。

■アドバイス
▽早春なら堂上バス停先のセツブンソウ園を登山前に鑑賞しよう。
▽本コース以外の主な登山道はタイムとともに地図に記した。
▽下山後は両神温泉薬師の湯（☎0494・79・1533）で汗を流して帰途につこう。

■問合せ先
小鹿野町観光協会☎0494・75・5060（小鹿野町営バスも）

■2万5000分ノ1地形図
長又・三峰

だ。**両神神社奥社**先の分岐を右にとれば**フクジュソウ園地**に着く。花のない時期でも、南に武甲山《ぶこうさん》方面を望むことができる。

薬師堂コースと分かれ、北へ山腹道に入れば、先ほど両神神社奥社で分かれた鳥居山コースに合わさる。「鳥居山」は山名ではなく、このあたりの小字名だ。

柏沢《かしわさわ》分岐を右にとればじきに送電線鉄塔で、武甲山や毘沙門山《びしゃもんさん》、そして奥秩父《おくちちぶ》と芦《あし》ヶ久保《くぼ》の両二子山を同時に眺めることができる。

ベンチのピークで右に曲がり、雑木林の尾根道を下れば舗装路の園地に出る。左へ中華風あずまやの**観景亭**に登れば、背後に四阿屋山が意外に鋭い。南には熊倉山《くまくらやま》や西谷山《とりだにやま》方面も見えている。

園地を下り、車道を左へ。両神神社を右折し、薬師堂をすぎれば、**両神温泉薬師の湯**に着く。

CHECK POINT

1 大堤バス停のすぐ先がつつじ新道登山口だ。登りはじめは植林の斜面で、尾根に出ると山居分岐が近い

2 山居分岐からじきクサリ場となる。2番目のクサリは直立し手強いので女性などはロープで確保したい

3 展望図と三角点のある四阿屋山頂上は、西に開け両神山や二子山、辺見ヶ岳山稜などの展望が広がる

4 帰りは来た道をわずか戻り左の薬師堂方面へと下る。両神神社奥社の手前までクサリが連なる岩場だ

5 柏沢分岐。直進する柏沢への道と分かれ鳥居山コースは右へ直角に曲がる。展望よい送電線鉄塔がじきだ

6 中華風あずまやの観景亭から舗装路を下れば、これも中華風な門構えの鳥居山コース登山口で車道に出る

注：山居分岐～四阿屋山～両神神社奥社間は、冬期は凍結のため通行止めになることがあり、事前の確認が必要。

17

秩父御嶽山

ちちぶおんたけさん　1080m

露岩交じりのやせ尾根を秘めた静寂と展望の山頂へ

日帰り

歩行時間＝4時間15分
歩行距離＝9・5km

技術度
体力度

コース定数＝20
標高差＝764m
累積標高差　921m　897m

国道から見上げる秩父御嶽山

木曽《きそ》御嶽山《おんたけさん》を開いた普寛《ふかん》行者は旧大滝村《おおたき》出身で、登山口の「王《おう》滝《たき》」は「大滝」にちなんで名づけられた。行者が故郷に戻り登拝路を開いたのがこの御嶽山だが、同名の山が多いので、「秩父」を冠してよばれている。落合の普寛神社には行者像が祀られ、近くに温泉もあるが、こちらの登山道は崩壊で閉鎖され、代替路は大半が車道歩きとなってしまった。今では駅を起点とする静寂な周回コースがおすすめだ。

三峰口駅前の道を右へ行き、荒川を白川橋で渡る。右の歩道橋を渡れば秩父往還の贄川《にえがわ》宿で、トイレの角を左折。ユニークな「かかし」が集うところが登山口だ。右へ登山道に入り、奇僧即道上人の奇怪な墓を眺めれば、雑木林となって**送電線鉄塔**に出る。尾根上の二番高岩からは三峰口駅周辺、光る荒川、熊倉山《くまくらやま》、武甲山《ぶこうさん》などの展望が開ける。

この先は木立の尾根をからみつつ登るが、やや単調だ。古池《ふるいけ》からの道が合わさる**タツミチ**で西に向

二番高岩からは、東に武甲山方面の展望が広がる

■鉄道・バス
往路＝秩父鉄道三峰口駅が最寄り駅。
復路＝強石バス停から西武観光バス5分で三峰口駅。

■マイカー
東京方面からは国道299号、140号で三峰口駅へ。同駅には有料駐車場がある。

■登山適期
通年可能。冬の雪は少ないが、ロングスパッツ、軽アイゼンはあった方がよい。5月上旬、10月中～下旬がベスト。

■アドバイス
▽地形図の送電線位置は一部違っている。登山口付近にはなく、コース上にある鉄塔を通る。
▽山頂から西へ蕨平を経て落合へ下る道はクサリまじりの岩稜だが、稜線のすぐ下から長い車道歩きとなる。
▽杉ノ峠を西へ下れば1時間ほどで大滝温泉遊湯館（☎0494・55・0126）に着く。ここからバスに乗るのもよい。食事もできる。

■問合せ先
秩父市大滝総合支所地域振興課☎0494・55・0861、秩父鉄道☎048・523・3313、西武観光バス☎0494・22・1635

■2万5000分ノ1地形図
三峰

かい、強石《こわいし》分岐で帰路を左に分ければ頂上はすぐ先だ。御嶽神社が祀られる**秩父御嶽山**山頂からは、両神山《りょうかみさん》、二子山《ふたごやま》、御荷鉾山《みかぼやま》、雲《くも》取山《とりやま》と大展望が広がる。

帰りは先ほどの分岐から南へ尾根道を下る。広く穏やかだが、小ピークを越えると急にやせ、両側にロープやクサリの張られた露岩交じりの急下降となる。傾斜がやわらぎ、林道から登り返した反射板ピークで城峯山や滝沢ダムを眺めれば、すぐ先が鉄塔だ。ここも展望がよい。植林の尾根道をさらに下れば石祠の祀られる**杉ノ峠**に着く。

東へジグザグに下ると強石集落最上部の車道に出る。熊倉山《くまくらやま》を見上げて旧道を拾いつつ下っていき、国道に出れば**強石バス停**はすぐ左だ。

奇僧即道上人の墓は奇抜だ

CHECK POINT

贄川宿は江戸時代から三峯神社参拝の宿場町として栄えた。トイレがあり観光客の訪れも多い

登山口には人と見まがう「かかし」が大勢！　登山道は送電線鉄塔を経て植林の尾根をからみながら登る

北に車道を見下ろすと、古池からの登山道が合わさるタツミチだ。西へ木立の尾根を行くと傾斜が増す

帰りに下る強石への道を左に分けると、秩父御嶽山頂上はもうじきだ。山頂には御嶽神社が祀られる

頂上は両神山をはじめ大展望がみごとだ。西へ下る落合への道は通行止めで、代替路は長い林道歩きだ

強石への下りはロープやクサリの張られる急なやせ岩稜だ。TVアンテナをすぎると傾斜はやわらぐ

石祠の祀られる杉ノ峠は樹林の中の静寂境。西に落合への道が下るので大滝温泉に寄るならこちらがよい

強石集落の最上部に下りれば正面に熊倉山が高い。舗装路を縫う旧道をたどってバス停に向かう

18

妙法ヶ岳

みょうほうがたけ
1320m

三峯神社奥宮の祀られる岩峰へ、表参道から裏参道へ周回する

日帰り

歩行時間＝6時間35分
歩行距離＝13・0㎞

技術度

体力度

コース定数	＝30
標高差	＝949m
累積標高差	↗1375m ↘1375m

奥秩父《おくちちぶ》の三峰山《みつみねさん》は、雲取山《くもとりやま》、白岩《しらいわ》山《やま》、妙法ヶ岳の総称だ。三山が連なる尾根の北端にある三峯神社は、日本武尊の東征伝説にはじまり、修験道を経てお犬様（狼）信仰に広がり、講中登山などで多くの登拝者を迎えていた。

その登った道が表参道、下り道が裏参道で、後者は神社への物資輸送路としても使われた傾斜の緩い道だ。1939年、ロープウェイの開通で裏参道は物資輸送の役割を終え、表参道も登拝者は激減。しかし起点の大輪《おおわ》集落はロープウェイによる観光客、登山者の増加で倍旧の隆盛をみる。

そのロープウェイも、三峯神社への車道整備、バス便の普及などにより、2007年、68年間の役割を終えた。多くの登山者もバス利用となったが、表参道は健在で、裏参道も近年再整備されている。

大輪バス停から鳥居をくぐり、表参道に入る。登拝者が水垢離をした**清浄《せいじょう》の滝**をすぎると、尾根上の登りで**薬師堂跡**に着く。尾根道が民家をすぎると**奥宮遙拝殿**で、妙法ヶ岳が厳めしく神々しい。随身門手前の車道を左に行けば、三峯山博物館の先で雲取山への縦走路に出る。雲取山に向かってしばし、トイレ

↑下山口からは妙法ヶ岳がことさらにりっぱだ
←妙法ヶ岳から望む両神山と浅間山（右奥）

■**鉄道・バス**
往路・復路＝西武秩父線西武秩父駅から西武観光バスに乗り、大輪下車。

■**マイカー**
関越道花園ICから国道140号を皆野寄居バイパス経由約45キロ、1時間で大輪バス停。大輪にはかつての茶店の駐車場（有料）が数ヶ所ある。

■**登山適期**
通年可能だが、12〜3月は軽アイゼン、ロングスパッツが必要だ。

■**アドバイス**
▽大輪バス停、下山口にトイレはあるが、冬期は閉鎖。下りは三峯神社バス停から西武秩父駅までバス利用もできる。
▽三峰山博物館（☎0494・55・0241）では三峰山、神社などに関する信仰を中心にした資料、宝物などが展示されている。その前にある大島屋（☎0494・55・0039）は、通年営業、年中無休の茶店。

大島屋は冬でも営業

■**問合せ先**
秩父市大滝総合支所地域振興課☎0494・55・0861、西武観光バス☎0494・22・1635

■**2万5000分ノ1地形図**
三峰・雲取山

のある**奥宮第一分岐**、登山届ボックスがある第二分岐、続いて**第三分岐**で、雲取山への道から左にはずれて鳥居をくぐる。さらに東北へ派出する尾根上へ「奥宮」の鳥居を2つくぐると岩稜になる。クサリのある岩場を登れば**妙法ヶ岳**頂上だ。三峯神社奥宮が祭られ、雲取山、白岩山、和名倉山《わなくらやま》、両神山《りょうかみさん》などの大展望が広がる。

帰りは来た道を戻り、茶店の前で往路を右に分けて直進する。鳥居の立つY字路を右へ。「神庭《かにわ》・岡本《おかもと》バス停」を示す道標を目印に、「シャクナゲ園」の看板のある地点が**裏参道下山口**。ここで裏参道に入る。時折妙法ヶ岳を見上げる穏やかな道だ。神庭集落から**国道**に出たら、**大輪**までは車道を歩く。

CHECK POINT

1 登竜橋を渡り、石碑の立ち並ぶ坂道を登ったところが表参道登山口で、ロープウェイの駅があった場所だ

2 沢沿いの山腹道が尾根をからむと上品な風情の清浄の滝に着く。あずまやが建ち付近には石碑が多い

3 明るい尾根に出た地点が薬師堂跡で、あずまやが建ち、対岸にそびえる妙法ヶ岳を眺めて休憩するのによい

4 奥宮遥拝殿をあとにすると正面に随身門が登拝者を迎えるように立つ。ここが表参道であることの証明だ

5 雲取山への縦走路から第三分岐で分かれ、左に「奥宮」の額がかかる鳥居をくぐるとひと気が少なくなる

6 岩まじりの小ピークを越え、クサリのある岩場を登ると三峯神社奥宮の祀られる妙法ヶ岳頂上に出る

7 狭い妙法ヶ岳山頂は奥宮だけでいっぱいだが、雲取山、白岩山、和名倉山、両神山などの展望が広大だ

8 三峯神社南面の舗装路を登るとロープウェイ駅跡にある裏参道下山口だ。「シャクナゲ園」の看板が立つ

19

雲取山

くもとりやま
2017m

針葉樹林と大展望。一等三角点が置かれる奥秩父の名峰へ

一泊二日

1日目　歩行時間＝4時間55分　歩行距離＝9.0km
2日目　歩行時間＝4時間25分　歩行距離＝11.5km

技術度 ★★★☆☆
体力度 ★★☆☆☆

コース定数＝41

標高差＝969m

累積標高差 ↗1678m ↘2188m

三峰神社の駐車場から、雲取山（右奥）と前白岩山（左手前）、白岩山（その奥）を望む

「平地に波瀾を起こした幾多の小山脈が、彼方からも此方からもアミーバの偽足のようにからみ合って、いつとなく五、六本の太い脈に総合され、それがさらに統一されてここに初めて二千メートル以上の高峰となったものが雲取山である。」（『山の憶い出』木暮理太郎／昭和13年）。

↙雲取山山頂から広い縦走路を鴨沢へと下る

←大菩薩連嶺を眺めて下る

先人の名調子で早くから世に知られた雲取山は、埼玉、東京、山梨を分ける一等三角点峰。東京都の最高峰だ。登山コースは数本あるが、いずれも日帰りは困難で、山頂付近の山小屋に一夜をすごすこととなる。

そんな中で最も多くの登山者が登路とするのが埼玉県側、三峰山《みつみねさん》からの縦走路だ。三峰山とは、妙《みょう》法《ほう》ヶ岳《たけ》、白岩《しらいわ》山《やま》、雲取山の総称で、室町時代から本家の那智熊野になぞらえた修験道の行場と

■鉄道・バス

往路＝西武秩父線西武秩父駅から西武観光バス1時間15分で三峰神社。復路＝鴨沢から西東京バス35分でJR青梅線奥多摩駅へ。

■マイカー

関越自動車道花園ICより国道140号、県道278号、約61㌔、1時間40分で三峰神社市営駐車場。または圏央道青梅ICから都道44号、63号、国道411号を約45㌔、1時間15分で丹波山村村営駐車場。駐車場へは鴨沢バス停先の所畑から入る。いずれも山頂への往復となる。

■登山適期

6～10月。12～4月は積雪多く雪山の装備と経験が必要。5月、11月は残雪や新雪のある可能性が高い。

雲取山頂には日本で3ヶ所だけの原三角測点がある

■アドバイス

▽雲取山荘（☎0494・23・3338）は通年営業で、寝具、食事あり。
▽奥多摩小屋は閉鎖され、トイレ、テント場も使用禁止になっている。
▽白岩小屋は老朽化のため閉鎖。

雲取山頂上から富士山方面を眺める。富士山左下の雁ヶ腹摺山、その右奥に連なる大菩薩連嶺右端の大菩薩嶺が顕著だ

されていた。かつて雲取山は三峯神社の奥の院で、そんな歴史を心に留め原生林の尾根道をたどれば、迫る霊気を感じるだろう。帰りは奥多摩湖畔の鴨沢《かもざわ》バス停に下る。

第1日　三峯神社バス停は山上の広大な駐車場にあり、バスを降りれば山岳展望のド真ん中。南にピラミダルな雲取山が遠く、その左手前に白岩山、前白岩山が高い。

バス停背後の三峰ビジターセンター前の道を左へ。茶店の前で出た広い道が雲取山への登山口だ。右へ杉並木の舗装路を進み、奥宮入口の分岐で登山届を書いたら、左へ鳥居をくぐり縦走路へ。左に現れる奥宮への鳥居は妙法ヶ岳への道。木立の山腹道を行き、奥宮からの道をまたも左に合わせれば**炭焼平**《すみやきだいら》はじきだ。

やや登り、地蔵《じぞう》峠で左に太陽寺《たいようじ》へ下る道を分ければ、すぐ上が三角点の埋まる霧藻《きりも》ヶ峰《みね》で、西北に大展望が開ける。正面に鈍重な和《わ》名倉山《なくらやま》、北西に鋸歯状の両神山《りょうかみさん》、北に低く突出する妙法ヶ岳。すぐ先の**霧藻ヶ峰休憩所**より展望は広大だ。

この先、下り着いたお清平《きよだいら》から前白岩山までは、樹林の中、行方の見えぬ地獄の急登となる。見返り地蔵、1580メートル地点、前白岩の肩と小康ごとに息を整え、**前白岩山**を越えれば穏やかな下りで白

▽雲取山避難小屋は緊急避難時のみ。寝具、水場なし。
▽JR奥多摩駅から徒歩10分に日帰り温泉もえぎの湯（☎0428・82・7770）がある。

■問合せ先
秩父市大滝総合支所地域振興課☎0494・55・0861、奥多摩町役場☎0428・83・2111、西武観光バス☎0494・22・1635、西東京バス☎0428・83・2126

■2万5000分ノ1地形図
三峯・雲取山・丹波・奥多摩湖

白岩山ではシカを多く見かける

岩小屋に着く。

シカに出会えることもある**白岩山**を越えると芋ノ木ドッケ西面の巻道となり、雲取山が正面に威圧的だ。稜線に戻った**大ダワ**からは、尾根道、左の巻道、どちらも同様の時間で今宵の泊まり場、**雲取山荘**に着く。

第2日　雲取山荘から樹林の急登をひと登りで待望の**雲取山**頂上に着く。南に富士山が気高く、西に飛龍山《ひりゅうさん》と南アルプスの連なり、南東にはここより700メートルも低い大岳山《おおたけさん》が意外に顕著だ。南の避難小屋付近からの展望はさらに大きい。

快適そのものの縦走路を南下し、東に富田《とみた》新道を分けてヨモギの頭に立てば、七ツ石山《ななついしやま》、鷹《たか》ノ巣《す》山《やま》と連なる石《いし》尾根の彼方に大岳山、三頭山《みとうさん》、丹沢《たんざわ》の山々もかすむ。

グイッと左に曲がった尾根道を急下降し、**奥多摩小屋跡**、ヘリポートとすぎ、見晴らしのよい尾根を緩やかに下れば**ブナ坂**に着く。正面の尾根道は七ツ石山へ登り、鷹ノ巣山などを経て奥多摩駅へ下る長丁場の石尾根縦走路。ここから右に下るのが鴨沢への道だ。

桟道も現れる山腹道は、マムシ岩で南下する尾根上に出る。樹林の尾根道をしばし下ると、道は尾根を左にはずれるが、ここが**堂所**《どうどころ》だ。かつて少し上の小平地にお堂が建っていたといわれる。

東山腹を下る道は小尾根をからみながら高度を下げ、やがて左下に見えていた車道に下り着く。これを下り、尾根上に開けた**村営駐車場**に出ると車道は右に下るが、そのまま直進。駐車場の右手に続く登山道を下れば、**鴨沢バス停**へはもうひと息だ。

CHECK POINT

1 三峯神社からのびる雲取山縦走路に出ると、すぐ右が「奥宮参道入口」の石碑が立つ雲取山登山口だ

2 霧藻ヶ峰休憩所は休日などに営業。手前の霧藻ヶ峰頂上の方が好展望だ。秩父宮レリーフが近い

3 お清平からは広葉樹林中、先の見えない長い急登となる。露岩もまじるので急がずゆっくり登ろう

4 白岩山でようやく大きな登りから解放される。ここからは芋ノ木ドッケの巻道で大ダワに着く

5 大ダワで左に合流していた日原からの道は崩壊が多く廃道となっている。雲取山荘までもうひと息だ

6 雲取山荘は通年営業の山小屋で雲取登山に欠かせぬ登山基地だ。山荘脇には田部重治のレリーフがある

7 雲取山は埼玉、東京、山梨の県境で東京都最高峰。展望広がる山頂はいつも登山者でにぎわっている

8 ヨモギの頭を下り、奥多摩小屋跡をすぎるとヘリポートがある。緊急施設なので休憩禁止だ

9 下り着いたブナ坂では直進して七ツ石山に登る石尾根縦走路と分かれ、鴨沢へは右へ樹林の山腹道を下る

10 七ツ石山の山腹を行く登山道は小尾根を数本からみ、桟道のある沢を渡ってマムシ岩で尾根に出る

11 尾根道をしばし下り、お堂の建っていた小平地の先で尾根を左にはずれ山腹道となるところが堂所だ

12 左に見えていた車道に下りると村営駐車場が間近だ。右手の山道を下れば鴨沢バス停に着く

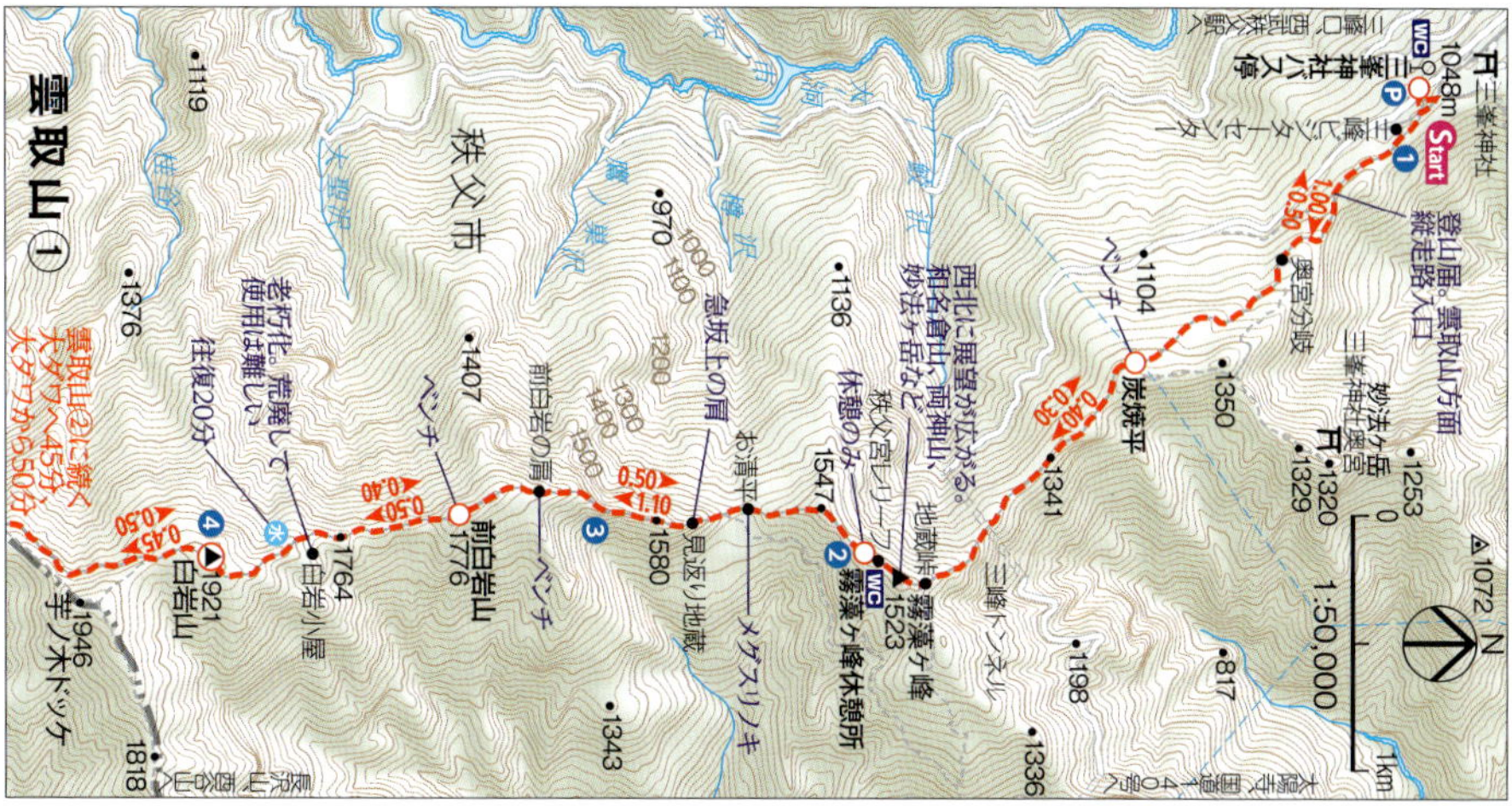
雲取山①
秩父市
三峰神社
三峰神社バス停
Start
霧藻ヶ峰
霧藻ヶ峰休憩所
炭焼平
前白岩山
白岩山
白岩小屋
芋ノ木ドッケ
お清平
1:50,000

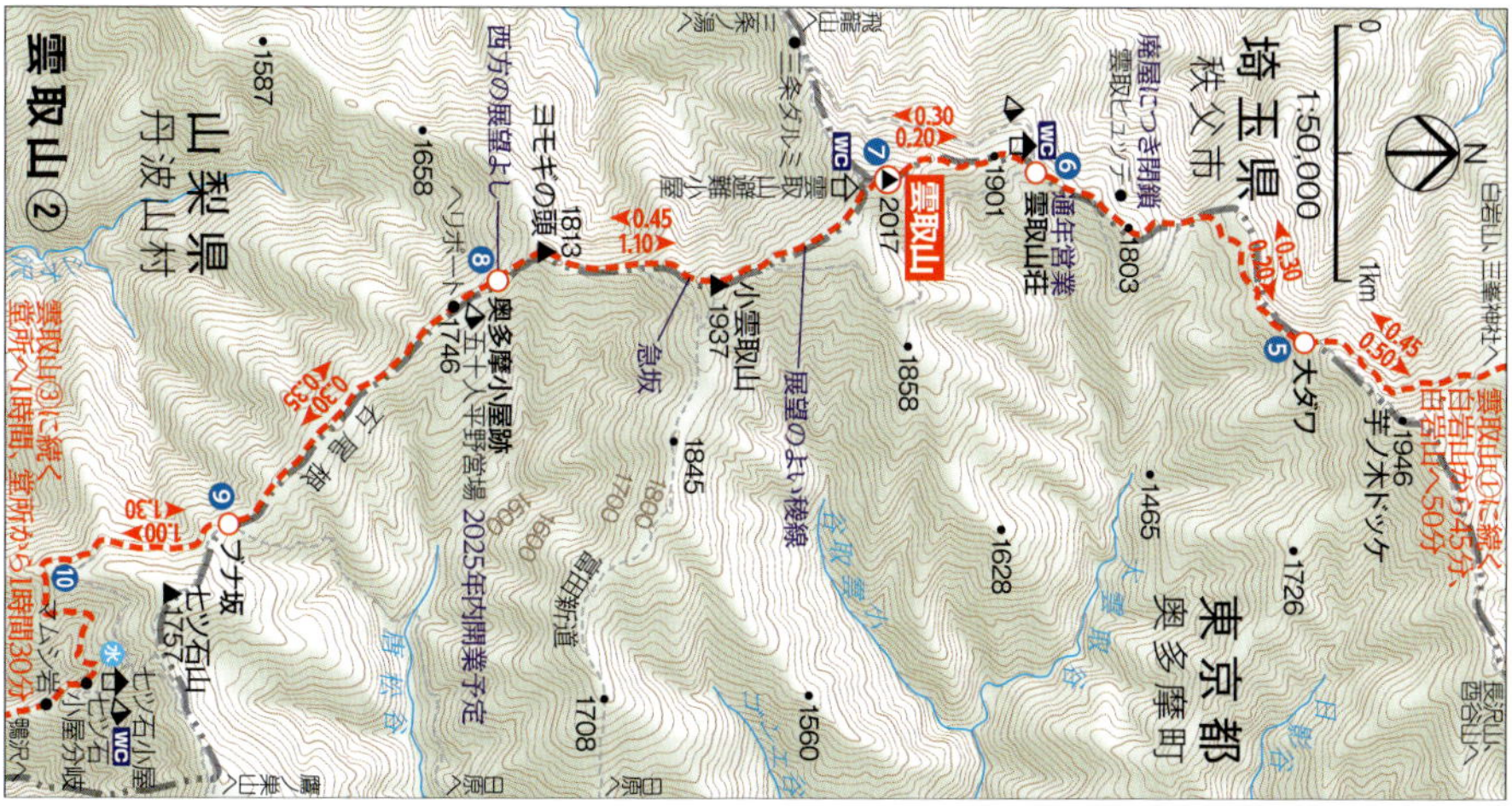
雲取山②
埼玉県
秩父市
東京都
奥多摩町
山梨県
丹波山村
雲取山
雲取山荘
大ダワ
小雲取山
ヨモギの頭
奥多摩小屋跡
ブナ坂
七ツ石山
1:50,000

雲取山③
山梨県
丹波山村
東京都
奥多摩町
堂所
七ツ石山
所畑
村営登山者駐車場
鴨沢
鴨沢バス停
Goal
1:50,000

西御殿岩から和名倉山を望む

20 和名倉山

一泊二日

わなくらやま
2036m

埼玉県側からの道が改善された、鈍重膨大な気になる山

1日目　歩行時間＝4時間20分　歩行距離＝8・5km
2日目　歩行時間＝7時間40分　歩行距離＝17・0km

技術度
体力度

コース定数＝50
標高差＝1829m
累積標高差 ↗1881m ↘2596m

唐松尾山北の展望岩から、雁坂嶺、甲武信岳、国師岳方面を眺める

和名倉山は奥秩父主脈から埼玉県に張り出す寂峰だ。鈍重膨大な山容は目立たないが、埼玉県の山々から目につく気になる存在だ。地形図には山梨県側呼称の「白石山《しろいしやま》」と記されているが、突き上げる埼玉県側の沢名による「和名倉山」とよぶ人が多い。過去の大規模な伐採や山火事で道は荒れ気味で、山梨県側から往復する登山者がほとんどだったが、近年埼玉県側も道標などが整備され、縦断がさほど困難ではなくなった。

第1日　JR中央本線塩山《えんざん》駅からタクシーで**将監《しょうげん》峠登山口**へ。幅広い登山道を行き、**牛王院《ごおういん》下**で将監小屋へまっすぐ登る道と分かれて、左の七《なな》ツ石《いし》尾根に入る。樹林の急な登りが続くが、カラマツ林となり水源巡視路を横切って平坦になると、稜線の**牛王院平**に着く。

今夜は東へ少し行った将監小屋に泊まるが、その前に唐松尾山《からまつおやま》に往復しよう。稜線を西に行き**山《やま》**

■鉄道・バス
往路＝JR中央本線塩山駅からタクシー約50分強で将監峠登山口。
復路＝自由乗降区間の埼大山寮前で西武観光バスに乗り西武秩父線西武秩父駅へ。
■マイカー
中央道勝沼ICから国道20号、県道38号、34号、国道411号、市道を経由し三ノ瀬の将監峠登山口まで約40キロ、1時間。登山口先の民宿みはらし（☎0553・34・2109・冬期休業）に駐車（有料）できる。
■登山適期
5月上旬～10月中旬。冬は雪山装備と経験が必要。
■アドバイス
▽将監小屋（☎0553・32・1044／18時以降）は4月下旬～11月下旬開設で、原則素泊まり（テント場あり）。
▽山ノ神土～秩父湖の道は以前より歩きよくはなったが、主稜線の道より格段に悪くなる。
■問い合せ
甲州市観光協会☎0553・32・2111、秩父市大滝総合支所地域振興課☎0494・55・0861（山麓情報のみ）、YK塩山タクシー☎0553・32・3200、西武観光バス☎0494・22・1635
■2万5000分ノ1地形図
雁坂峠・雲取山・三峰

西御殿岩から見る富士山、左へ大菩薩嶺、雁ヶ腹摺山

西仙波（右の岩峰）と唐松尾山（中央奥）、西御殿岩（その左）をバックに東仙波に向かう

ノ神土《かんど》では左の縦走路へ。山腹道を行きガレを渡ると**西御殿岩**《にしごてんいわ》**分岐**だ。右の踏跡を急登し岩場を登れば**西御殿岩**に着く。本コース一番の展望台で、目指す和名倉山、両神山《りょうかみさん》、富士山や大菩薩《だいぼさつ》連嶺などの広大な大展望がすばらしい。

分岐に戻り元の道をなおも西へ進めば、尾根上に出る。笠取山《かさとりやま》方面への縦走路から右にわずかで、三角点の埋まる**唐松尾山**に着く。針葉樹林の山頂だが、北へ3分ほどの岩場に出れば、甲武信岳《こぶしだけ》から国師岳《こくしだけ》など、先ほどの西御殿岩では見えなかった山々を見わたせる。6月上旬にはこのあたり、シャクナゲがみごとだ。来た道を**午王院平**まで戻り、さらに東に稜線をたどって将監峠へ。南へ下れば**将監小屋**はすぐ下だ。

第2日　昨日の**山ノ神土**まで同じ道を行き、今日は右の山腹道に入るが道はぐんと細くなる。稜線に出て小ピークとリンノ峰の鋭峰を西面から巻き、尾根が右にカーブする岩稜に出たところが西仙波《にしせんば》だ。背後に富士山や大菩薩連嶺、昨日の西御殿岩から唐松尾山の稜線が大きく広がる。登り返した**東**《ひがし》**仙波**は三角点が埋まる疎林のピークだ。ここでコースは北へ直角に曲がるが、そのまま東へのびる尾根に迷いこむ遭難が多いので注意したい。

1:50,000
和名倉山（白石山）
2036
二瀬分岐
北ノタル
造林小屋跡
反射板跡
埼大山寮
Goal
568m
秩父湖
秩父市
吊橋
二瀬
二瀬ダム
大滝
川又
上中尾
寺井
麻生
栃本
三峰
八百平
川又分岐
千代蔵ノ休場
道標、注意看板あり
整然とした植林
自由乗降バスに乗る
小ピークを越える
急な尾根道
三峯神社、妙法ヶ岳を望む
右へ直角に曲がる
ロープの岩場
倒木多い
左岸の台地に水場あり。東端から水平道へ
東の沢へ直角に曲がる
右へ下る
二瀬尾根に出る。黄標柱
道不詳。道標から右上へ、小さな草原を横切って山道に入る
明瞭な道標あり
道標は明瞭だが、川又への道は不詳
針葉樹に囲まれた草原の斜面
樹林の中に三角点が埋まる

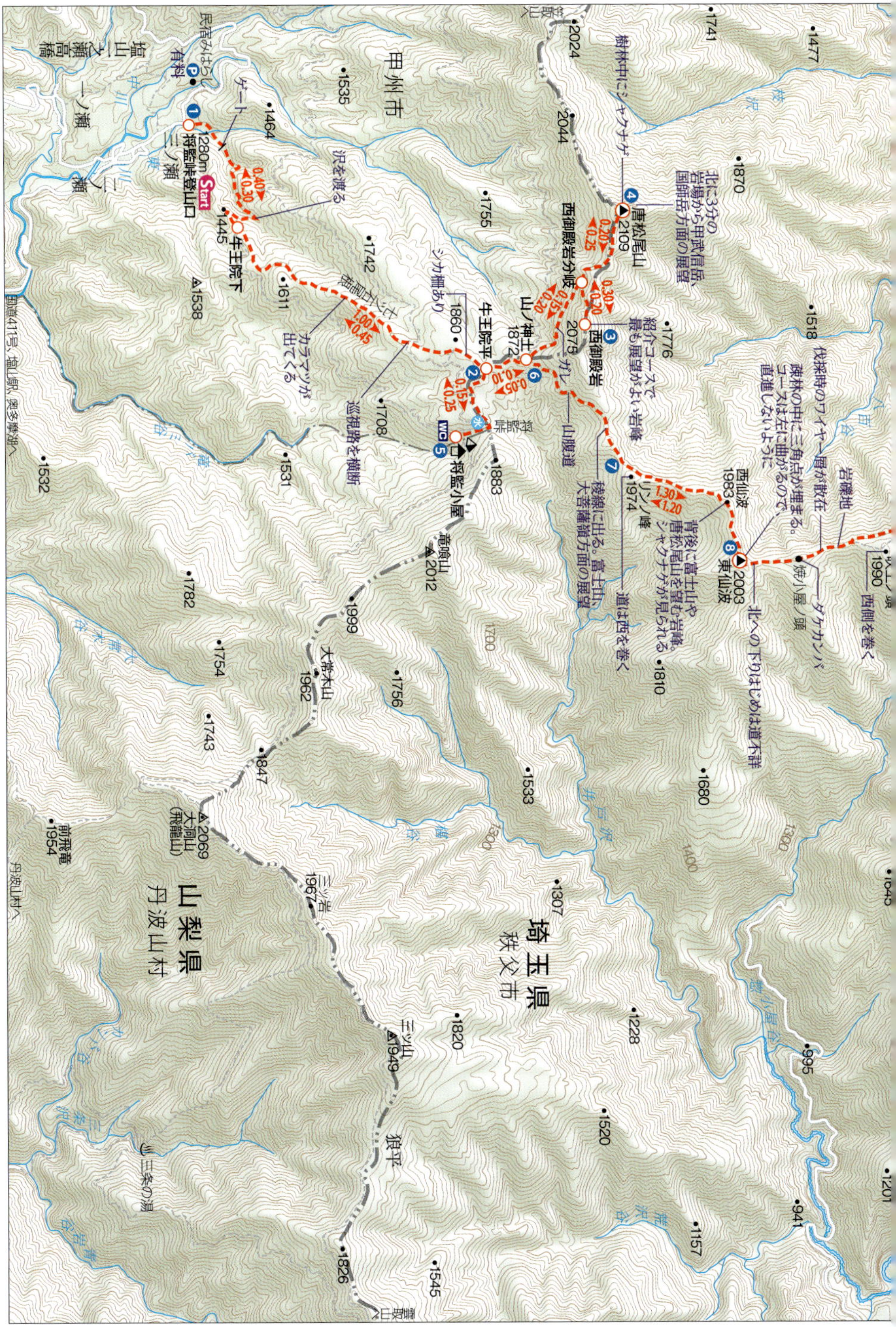

甲州市
埼玉県
秩父市
山梨県
丹波山村
将監峠登山口
1280m
Start
民宿みはらし
有料
ゲート
沢を渡る
牛王院下
カラマツが出てくる
巡視路を横断
シカ柵あり
牛王院平
山ノ神土
将監峠
将監小屋
西御殿岩分岐
西御殿岩
唐松尾山
2109
樹林中にシャクナゲ
北に3分の岩場から甲武信岳、国師岳方面の展望
紹介コースで最も展望がよい岩峰
山腹道
稜線に出る。富士山や大菩薩嶺方面の展望
道は西を巻く
背後に富士山や唐松尾山を望む岩峰。シャクナゲが見られる
西仙波
1983
東仙波
2003
北への下りはじめは道不鮮
伐採時のワイヤー類が散在
疎林の中に三角点が埋まる。コースは左に曲がるので直進しないように
岩礫地
ダケカンバ
西側を巻く
竜喰山
2012
大常木山
2069
大洞山（飛竜山）
前飛竜
1954
三ツ岩
1967
三ツ山
1949
狼平
三条の湯
一ノ瀬
二ノ瀬
三ノ瀬
国道411号、塩山駅、奥多摩湖へ
丹波山村へ

下りはじめは道不詳だが、じき明瞭になって焼《やけ》小《ご》屋《や》ノ頭《あたま》を越える。ワイヤー屑など伐採時の放置ゴミが目立つようになり、道も赤茶けた岩礫が多くなる。足もとに注意し、八百平《はっぴゃくだいら》の鞍部から川又《かわまた》分岐をすぎると**二瀬《ふたせ》分岐**に着く。東へ向かう山腹道は、千代蔵《ちよぞう》ノ休《やすん》場《ば》とよばれる草の斜面を通り北へカーブ。倒木だらけの針葉樹林を抜けると待望の**和名倉山**頂上だ。針葉樹林中の小平地には三角点が埋まるのみ。

二瀬分岐へ戻り、北へ二瀬へと向かう。木立の緩やかな起伏は**北ノタル**で右へ尾根をはずれる。道はか細いが、道標と目印テープを慎重にたどればよい。やがて右へ沢状の急下降となり**造林小屋跡**に着く。東面の山腹を進み、**反射板跡**を右に下れば道は明瞭になる。

植林から秩父湖畔の道に出るとすぐ左が吊橋だ。湖をこれで渡ると**埼大山寮**脇から車道に出る。三峰《みつみね》神社から下ってくるバスを待とう。

秩父湖を吊橋で渡ればバス道はもうじき

CHECK POINT

1 三ノ瀬集落から将監峠登山道に入る。しばらくは幅広い作業道歩きだ

2 樹林帯の登りが緩むと奥秩父主稜線の午王院平に着く。広い草地が心地よい

3 西御殿岩は本コースいちばんの展望を誇る。小さいがぜひとも立ちたいピークだ

4 笠取山への縦走路から右にわずかで、樹林の中に三角点が埋まる唐松尾山だ

5 将監小屋は収容70名の素朴な山小屋だ。バイオトイレが新設され気分よい

6 変形十字路となっている山ノ神土。初日は左前方へ、二日目は右へ

7 和名倉山への尾根道は主稜線よりぐんとか細くなる。倒木が現れることも

8 三角点の埋まる東仙波で、ルートは左へ直角に曲がる。直進せぬよう注意

9 二瀬分岐。直進は帰りの道。和名倉山頂上へは右の山腹道に入る

10 樹林中にポッカリ開けた小平地に三角点が埋まるのみの、和名倉山頂上

11 「反射板」の道標から右に下る。かつてここには電波反射板があった

12 埼大山寮脇から車道に出て、三峰神社からの自由乗降バスを待とう

21

埼玉県最高峰をめぐり、展望と原生林の尾根道を行く円形縦走

甲武信岳

こぶしだけ　2475m
（最高点は三宝山 2484m）

二泊三日

1日目　歩行時間＝5時間15分　歩行距離＝10・5km
2日目　歩行時間＝8時間10分　歩行距離＝12・0km
3日目　歩行時間＝6時間45分　歩行距離＝16・0km

技術度
体力度

コース定数＝**86**

標高差＝1720m

累積標高差 ↗3563m ↘3457m

雁坂嶺の先から、木賊山（左）、甲武信岳（中央）、三宝山（右）を見る

雁坂峠は日本三峠にふさわしい風格を感じさせる

奥秩父主脈のほぼ中央に位置する甲武信岳は、その名の通り、山梨、埼玉、長野三県の境をなしている。隣接するさらに高い三宝《さんぽう》山《ざん》と、ボリューム感ある木賊山《とくさやま》にはさまれ、山容はあまり目立たないが、露岩の山頂は展望に恵まれる。人里から遠く深いが、山梨県、長野県側からは比較的登りやすく、千曲《ちくま》川源流の毛木平《もうきだいら》から日帰りする登山者が多い。しかし埼玉県からの直登コースはなく、埼玉県側にこだわれば、3日間の充実した山旅となるのだ。

第1日　**川又《かわまた》バス停**から西へ、滝《たき》川沿いの国道を行けば右に**雁坂《かりさか》峠登山口**が現れる。登山道は植林の山腹道を緩やかに高まる。明るく開けた浅い沢が水ノ本《みずのもと》で、山腹道が尾根に出たところが**雁道場《がんどうば》**。尾根上にブナやミズナラの巨木を眺め、ジグザグに登った小平地が**突出《つんだし》峠**だ。「この先は傾斜が緩む」との看板がうれしい。

緩やかに高度を上げ、樺《かんば》避難小屋をすぎると尾根東面の山腹道となる。だるま坂を登り、小尾根を越えれば**地蔵岩《じぞういわ》分岐**だ。シャクナゲを抜け出た地蔵岩に登れば、浅間山《あさまやま》や両神山《りょうかみさん》方面の展望が大きい。分岐に戻り、山腹道が豆焼《まめやき》沢源流の小滝を横切ると、**雁坂小屋**はもうじきだ。

第2日　**雁坂小屋**から雁坂峠までは針葉樹林のわずかな登りだ。秩父と甲州を結ぶ秩父往還の要衝・**雁坂峠**は、北アルプスの針ノ木《はりのき》峠、南アルプスの三伏《さんぷく》峠とともに、日本三峠に数えられる。日本武尊の東征伝説、武田信玄の軍用路、秩父札所への参詣路、各産業の交易路と、多彩な歴史をたどった峠道は、1998年に山稜を貫く雁坂トンネルが開通するまで、「車の通れない国道」140号でもあった。南に開けた峠からは富士山や甲府盆地方面が雄大だ。

雁坂嶺《かりさかれい》に登れば、これからたどる破風《はふ》山、木賊山、甲武信岳、三宝山が待ち受ける。緩く下って東破風に登り返す。南に富士、丹《たん》

西破風への稜線から富士山方面を望む。中央下に広瀬湖

沢《ざわ》、西に国師岳《こくしだけ》、金峰山《きんぷさん》、北に両神山を眺めて吊尾根状を行くが、三角点のある**西破風山**山頂は樹林の中だ。

露岩から大きく下ると破風山避難小屋が建つ笹平《ささだいら》の鞍部。花崗岩礫散り敷く賽《さい》の河原《かわら》をすぎれば**木賊山分岐**だ。展望乏しい木賊山は右の巻道をとると甲武信小屋の前に出る。甲武信岳へは背後の急登を20分ほどだ。

甲武信岳頂上は南西に開け、御《お》座山《ぐらさん》、五郎山《ごろうやま》、天狗山《てんぐやま》など佐久《さく》の山々も姿を現す。急に増えた登山者は、ほとんどが毛木平からの往復だ。

三宝山へは北へ目立たぬ道を下る。右に廃道となった真《しん》ノ沢《さわ》林道を分け、展望よい山宝岩《さんぽういわ》に寄り道し、着いた**三宝山**は一等三角点の埋まる埼玉県最高峰だ。木立の地味な山頂に安らぎを感じる。

北へ深みを増す原生林を下り、その通りの尻岩《しりいわ》から登り返す。シャクナゲの密生する武信白岩《ぶしんしらいわ》は西面を巻き、クサリの岩稜から次の岩峰（崩壊の危険で登山禁止）も西を巻けば、今日最後のピーク、**大山《おおやま》**に登り着く。クサリ場から樹林の尾根道を下ると、木立の中に**十文字《じゅうもんじ》小屋**が目前だ。

第3日　十文字小屋から昨日の道をわずかに戻り、分岐を左の栃本《とちもと》方面へ。山腹の栃本分岐は左に下り、北面の巻道が尾根に戻ると鞍部の右下に**四里観音《よりかんのん》避難小屋**が建っている。道すがらの道標にはクマの爪痕が顕著だ。

南面の巻道から荒れた林道終点をすぎ、しばしで**三里《さんり》観音**。道はこのあたりからほとんど稜線を巻くが、荒れ気味だ。**二里《にり》観音**の立つ白泰山《はくたいさん》避難小屋前ののぞき岩から本コースの全貌を望み、白泰山を北から巻けば緩く長い下りとなって**一里《いちり》観音**をすぎる。林道を横切り、杉林の山腹を下れば、十二《じゅうに》天《てん》尾根、両面《りょうめん》神社とすぎて**車道**に下り立つ。**栃本関所跡バス停**へはもうひと息だ。

■鉄道・バス
往路＝秩父鉄道三峰口駅から西武観光バス16分の大滝温泉遊湯館で秩父市営バスに乗り換え、35分で川又。

CHECK POINT

1 国道140号に面した雁坂峠登山口は見落としそうだ。手前右側に駐車場

2 登山口から続く急登は突出峠からだいぶ緩む。雁坂小屋へのほぼ中間点だ

3 樺避難小屋は悪天候の時などありがたい。水場へ5分だがトイレはない

4 登山道を横切る豆焼沢の源頭は恰好の水場だ。雁坂小屋へはもうほとんど登りはない

5 雁坂小屋は素泊まりのみだが、レトルト食品や飲料類の販売があることも

6 雁坂嶺は樹林の地味な山頂だが、西端からはこれからたどる山々を見わたせる

7 甲武信小屋は昔ながらの武骨な風情の山小屋だ。小屋近くに荒川源流の碑が立つ

8 これまでの静けさを破る甲武信岳山頂のにぎわい。毛木平からの登山者が多い

9 甲武信岳からは目前に埼玉県最高峰の三宝山を望める。山頂手前に山宝岩

10 一等三角点が埋まる三宝山は樹林の中だが、上空は明るく開けている

11 その名の通りユーモラスな風情の尻岩は、樹林の尾根道のアクセント

12 大山では遠く妙義山を望む。今日最後の展望を楽しみ右へ直角に曲がり下る

13 十文字小屋は女主人が守るランプの宿。蚕棚の寝室は周囲を気にせず眠れる

14 三里観音は道端で見落としそうに小さく微笑んでいる。この尾根は他にも石仏の多い道だ

15 十二天尾根に出るとだいぶ人里の雰囲気が濃くなる。ゴールは間近だ

16 急峻な斜面に畑が広がる栃本の集落。下山した者にはホッとする光景だ

三峰口駅から35分で川又へ直通の西武観光バスもある。
復路＝栃本関所跡から市営バス30分で大滝温泉遊湯館。

■マイカー
関越自動車道花園ICから国道140号、皆野寄居バイパス、県道44号、国道299号、県道72号、国道140号を約57キロ、1時間20分で川又。観光トイレ脇に数台の無料駐車場がある。雁坂峠登山口手前路肩にも数台駐車可能。

■登山適期
5月下旬～11月上旬。3軒ある山小屋は4月末～11月が営業期間。期初期末は残雪、新雪の可能性あり。

■アドバイス
▽雁坂小屋（☎0494・55・0456）は素泊まりのみ。甲武信小屋（☎090・3337・8947）、十文字小屋（☎090・1031・5352）は寝具、食事付き。
▽バス乗換地点の大滝温泉遊湯館（☎0494・55・0126）は日帰り温泉で道の駅にもなっている。

■問合せ先
秩父市大滝総合支所地域振興課☎0494・55・0861、西武観光バス☎0494・22・1635、秩父市営バス☎0494・26・1133

■2万5000分ノ1地形図
雁坂峠・金峰山・居倉・中津峡

泰山避難小屋
二里観音
中津川へは
通行不能の表示あり
山頂分岐
1.50
1794
白泰山
本コースの
山頂まで
往復20分
1.10
一里観音
1.20
林道を
横切る
山の神石祠、
あずまやがある
1.00
愛宕地蔵尊
牛房平
0.20
Goal
WC
755m
栃本関所跡
栃本関所跡バス停
大滝
十二天尾根
15
16
車道
両面神社
P
WC
650m
Start
川又バス停
旅館扇家
山荘
登山届入れがある
5台
P
0.15
登山届箱
1
雁坂峠登山口
大正11年
石碑
植林地
1.00
水
水ノ本
1.30
明るい
小平地
雁道場
ミズナラ巨木
1.00
0.40
ジグザグの登り
2
突出峠
百葉箱がある
0.50
3
1.15
樺避難小屋
水場5分。
トイレなし
140
中津峡
塩沢
矢竹沢
入川
久度沢
滝川
曲沢
トーガク沢
豆焼沢
金山沢
槙ノ沢
水晶谷
古礼沢
1400
1600
1800
黒岩尾根
WC 5
雁坂小屋
三峰口、秩父へ
三峰口、秩父へ
N
0
1km
1:55,000

悪石、三国峠へ
梓白岩
1853
弁慶岩
1879
毛木平へ
みずな沢
1922
十文字山
2072
十文字峠
十文字小屋
乙女の森
シャクナゲ
分岐
栃本分岐
中津川
荒れている。
南東に和名倉山、唐松尾山、
雁坂嶺方面が見える
林道終点
大山
1860
三里観音
林道跡に出る
鍾乳洞入口
赤沢山
1819
岩稜
石標174
赤沢谷
弁慶岩が見える
四里観音避難小屋
大山
2225
展望が広がる
岩峰
崩壊の危険。
登山禁止
鎖場2ヶ所
岩峰
岩稜を行く。
大山のうしろに
妙義山が見える
武信白岩
2288
尻岩
東沢
三宝沢
長野県
川上村
埼玉県
秩父市
股ノ沢林道
股ノ沢
真ノ沢
金山沢
三宝山
2484 埼玉県最高点
山宝岩入口
山宝岩
国師岳、金峰山、男山、天狗山、
御座山、五郎山などが見える
2475
甲武信小屋
甲武信岳
国師岳、金峰山へ
2469
木賊山
木賊山分岐
ヤナギラン、
ウスユキソウ、
トリカブト
賽の河原
破風山
避難小屋
笹平
水場20分。
トイレなし
展望が広がる
露岩
西破風山
2318
山頂は樹林の
中で展望ない
東破風
露岩あり。
富士山、大菩薩嶺、
丹沢が見える
雁坂嶺
2289
雁坂峠
木賊沢
荒川
大荒川沢
小荒川沢
尾根を越える
地蔵岩往復約10分
浅間山、帳付山、
白泰山の展望よい
地蔵岩展望台
地蔵岩分岐
和名倉山が見える
ガレ
白泰沢
釜沢
戸渡尾根
鶏冠山
2115
鶏冠谷
ナメラ沢
山梨県
山梨市
2158
水晶山
西沢渓谷入口へ
塩山へ
雁峠へ

22

原始の薫り豊かな樹林と展望の尾根道を日帰りで二峰を往復

十文字山・三国山

じゅうもんじやま 2072m
みくにやま 1834m

日帰り

歩行時間＝7時間10分
歩行距離＝11・0km

技術度

体力度

コース定数＝28

標高差＝342m

累積標高差 1108m 1108m

三国峠付近より。両神山から武甲山へと広がる埼玉の山々

シャクナゲで有名な十文字峠のすぐ北にありながら、十文字山を訪れる登山者は格段に少ない。一方、埼玉、群馬、長野の3県を分ける三国山は、三国峠を車で越える登山者がついでの一山で登ることもある山だ。森閑たる奥秩父、疎林に岩場が現れる西上州、カラマツ林の信州。そんな個性を併せもつ樹林の尾根を、大展望も楽しみつつ二峰へ往復しよう。

梓白岩をすぎると十文字山が正面に迫る。右奥は三宝山

三国峠からまずは十文字山へ。南へ尾根道に入れば東に両神山《りょうかみさん》から武甲山《ぶこうさん》への山並みが広がる。小ピークを越え車道に出るが、すぐ先で尾根道へ。気分よい疎林の尾根道は**悪石**《あくいし》の三角点で左に曲がる。シャクナゲを抜けたラクダのコブ状はひとつ目を左へ。尾根道が右にはずれるところが**梓白岩**《あずさしらいわ》**取付点**だが、道標はない。

梓白岩へは左の尾根を登るが、道のないハイグレード・ルートだ。足もとの切れ落ちた尖峰は今日いちばんの展望台。目指す十文字山と背後の三宝山《さんぽうざん》、小川山《おがわやま》、八ヶ《やつ》岳《たけ》、妙義山《みょうぎさん》、帳付山《ちょうづけやま》、赤岩岳《あかいわだけ》、両神山《りょうかみさん》など、360度の大パノ

■鉄道・バス
往路・復路＝JR小海線信濃川上駅からタクシー約50分で三国峠。秩父側からタクシーは行かない（川上観光タクシー☎0267・97・2231）。

■マイカー
東京方面からは国道140号と県道210号を行き、市道17号で三国峠へ。5台駐車可。トイレあり。市道は旧中津川林道で未舗装。パンクや腹擦りの危険がある。通行は5～11月のみで、夜間は通行止め。状況により通行規制があるので、秩父市大滝総合支所へ事前確認が必要。

■登山適期
5～11月。5月下旬～6月上旬はシャクナゲ、10月上～中旬は紅葉が見ごろ。

■アドバイス
▽稜線は秩父側の切れ落ちた部分が多く、強風時には特に注意が必要だ。
▽梓白岩は下りが難しく無理に登らないこと。
▽国道140号沿いに道の駅大滝温泉遊湯館（☎0494・55・0126）があり入浴できる。

■問合せ先
秩父市大滝総合支所地域振興課☎0494・55・0861

■2万5000分ノ1地形図
居倉

注：2025年2月現在、三国峠への秩父市道17号は災害により通行止め。長野県側の川上村道192号経由でアクセスすることになる。

ラマを楽しもう。

　慎重に登山道へ戻ったら、岩根を西から巻く。小ピークで東へ曲がり、鉄階段を登り、**弁慶岩**《べんけいいわ》も西から桟道で通過。時折シャクナゲのトンネルをくぐるが、埼玉県側はずっと切れ落ちた稜線だ。**のぞき岩**をすぎるとシラビソなどの針葉樹林となる。樹林の中に三角点が埋まる**十文字山**は、ひそとした奥秩父らしさが身にせまる山頂だ。

　往路を**三国峠**へ戻り、トイレの前から三国山へ。西向きの祠が祀られる岩場を越え、さらに2ヶ所の岩場をすぎると、**三国山**頂上に着く。振り返れば、十文字山への尾根筋が手にとるようだ。西に高天原山が高く、遠く甲斐駒ヶ岳も見通せる。

　展望を楽しんだら注意深く出発点の**三国峠**に戻る。

CHECK POINT

1 登山口の三国峠は八ヶ岳や両神山などの展望が広がる。電波塔への車道入口に駐車しないよう注意

2 尾根道はじき車道に出て再び尾根に入るが、入口を見落とさないように。この先は尾根に出られない

3 第一ポイントの悪石三角点。疎林越しに八ヶ岳や小川山を望むピーク。ルートは左に曲がる

4 梓白岩の登り口。縦走路は右下の巻道へ。梓白岩へは左へ尾根を登るが道のないやぶ岩ルートだ

5 十文字山と弁慶岩を正面に見て小岩峰の西面を巻くと、りっぱな階段が現れる

6 弁慶岩の道標から西側を桟道で巻いて通過。登り返した肩状を左に入ると御座山方面の展望が広がる

7 十文字山は原生林に包まれた静かな山頂。すぐ下ににぎわいの十文字峠があると思えぬ別世界だ

8 三国山は埼玉、長野、群馬の県境ピーク。先ほど歩いた十文字山への尾根筋を振り返るのも楽しい

やせた岩稜上に祀られるお船観音

23

登山者に縁薄い山域にあるスリルと展望のミニ岩峰めぐり

般若山・釜ノ沢五峰

はんにゃさん・かまのさわごほう
590m
（中ノ沢ノ頭）

日帰り

歩行時間＝6時間
歩行距離＝11・0㎞

技術度 ▲▲▲▲▲
体力度 ♥♥♥♥♥

コース定数	＝22
標高差	＝350m
累積標高差	↗ 810m ↘ 810m

小鹿野《おがの》町に「般若」という地域がある。大般若心経を写経した高僧にちなむ地名で、登山者には縁薄いが、ミニ岩峰が隠れている。

亀ヶ岳展望台からは武甲山方面の大観も広がる

長若《ながわか》中学校前バス停から車道を西へ。**法性寺《ほうしょうじ》分岐**を右に行けば札所三十二番**法性寺**に着く。石段を登り、右に観音堂を見上げて岩間の道に入る。

沢沿い道から右に龍虎岩《りゅうこいわ》を見上げ、突き当たる石仏群を右に行けば明るい岩稜だ。右へ馬ノ背状の岩稜を行けば、武甲山《ぶこうさん》や城峰《じょうみね》山《さん》などが広がり、末端に**お船観音**が祀られる。

戻って、西の岩上に大日如来を見上げ、尾根上を登ると**三角点**に出る。南に向かいすぐ東への尾根を下り、鉄塔の先で右に沢を渡れば**亀《かめ》ヶ岳《たけ》展望台**に着く。左に亀ヶ岳が近く、武甲山方面が広大だ。

樹林に入り、右に雨乞岩洞穴を見れば、**長若山荘**の裏に出る。右手の沢沿い道に下りると植林の斜面を登り返し一ノ峰に着く。さらに行き、「子兵重岩」への道標で左に登ると二ノ峰だ。「子兵重岩」はその別名だが、石標の三ノ峰は間違いだ。

熊倉山方面の展望を眺めてクサリで下り、登り返せば**三ノ峰**だ。元は「兵重岩」とよばれ、展望はさらに大きい。

四ノ峰をすぎると穏やかになり、五ノ峰先の**鉄塔**付近で両神《りょうかみ》山《さん》と二子山《ふたごやま》を眺めて左折。布沢《ぬのさわ》峠をすぎ、モミの巨木を見上げれば**中《なか》ノ沢《さわ》ノ頭《あたま》**に着く。本コースの最高点で、帰路が東に下るが、樹林の地味なピークだ。

南へわずか下れば金精神社のある**文殊《もんじゅ》峠**で、峠上のミニ天文台付近は両神山などの展望が広大だ。

中ノ沢ノ頭へ戻って東へ下ると**竜神山《りゅうじんやま》**を越える。賽《さい》の洞窟《どうくつ》を見て登り返した**兎岩《うさぎいわ》**が本コースのクライマックス。クサリの手すりで岩稜を下り、樹林を抜ければ林道の**文殊峠登山口**に下り着く。北へたどり、**長若山荘**の前を通れば、往路へはじきだ。

CHECK POINT

1 法性寺の山号は般若山。般若の面が掛かる本堂の背後には、奇岩にお堂や石仏などが祀られる

2 中央の岩上に祀られる大日如来へはクサリで登る。岩上は城峰山などの展望が大きいが足もとには注意

3 亀ヶ岳展望台からは亀のような亀ヶ岳が目前だが、亀ヶ岳へ登る道はない。東に武甲山方面が広がる

4 右に雨乞岩洞穴をすぎると長若山荘の裏に出る。右折し左の沢に下りれば釜ノ沢五峰への道に合わさる

5 「三ノ峰」の石標は2ヶ所あるが手前は二ノ峰で間違い。ここが正しい三ノ峰で兵重岩とよばれた

6 中ノ沢ノ頭から直進し文殊峠に出れば天文台が建つ。ドーム背後からは両神山などの大展望がすばらしい

7 林道への下降路を右に分けて竜神山へ。四等三角点が埋まる灌木のピークで、越えると賽の洞窟がある

8 兎岩は馬の背状の岩稜にクサリの手すりがつけられている。二ノ峰から見下ろすとやせ岩稜が顕著だ

■鉄道・バス
往路・復路＝西武秩父線西武秩父駅から小鹿野町営バス28分で長若中学校前バス停下車。

■マイカー
東京方面からは国道299号、140号、県道209号で長若交差点を左折すれば法性寺分岐。法性寺の駐車場が利用できる。

■登山適期
通年可能。冬でも雪は少ないが、スリップには注意。5月上旬、10月下旬がベスト。

■アドバイス
▽般若山という名のピークはなく、法性寺背後の山々全体の呼称だ。
▽釜ノ沢五峰は民宿長若山荘（☎0494・75・1496）の主人が個人で整備した道だ。同民宿に泊まれば余裕をもてる。
▽小さな山だが、切り立った岩場が多く、ミスは死亡事故につながるので慎重に。

民宿長若山荘

■問合せ先
小鹿野町観光協会・小鹿野町営バス☎0494・75・5060

■2万5000分ノ1地形図
秩父

24 蓑山

絶品の花と新緑！ 静かな尾根道から展望とにぎわいの山頂へ

みのやま
582m

日帰り

歩行時間＝2時間45分
歩行距離＝6・0km

技術度
体力度

コース定数＝12
標高差＝432m
累積標高差 461m 439m

観光客でにぎわう蓑山頂上。ザックは一人だけ！

　蓑山は荒川の右岸、秩父《ちちぶ》市と皆野《みなの》町の境界にもっそりとそびえる独立峰だ。山頂付近は県立美の山公園として整備され、サクラ8000本、ヤマツツジ3500本、アジサイ4500本などが植樹され、4～6月には華やかだ。マイカーで山頂まで登れるので観光客が多いが、歩けば静かで季節感豊かな山の表情を味わえる。

　親鼻《おやはな》駅構内の踏切を渡り、国道を横断して左前方の萬福寺《まんぷくじ》へ。境内手前から左に戻るような舗装路に入れば、右へ稲荷神社の鳥居をくぐって登山道となる。急登で登り着いた富士嶽大神《ふじたけおおみかみ》の祀られるピークは仙元山《せんげんやま》で、このコース名の由来だ。

↑下り着いた下山集落は花の里

←和銅遺跡に立ち寄る

　わずか下り、心地よい雑木林の尾根道を行けば、車道を横切る。山腹道と変わり、次の**車道**に出れば、左にいこいの村ヘリテイジ美の山が間近だ。

　車道を右に行き、すぐ

■鉄道・バス
往路＝秩父鉄道親鼻駅。
復路＝秩父鉄道和銅黒谷駅。

■マイカー
縦走なのでマイカーは不向きだが、皆野町役場に駐車できることもある。事前に観光協会へ問合せること。ここから秩父鉄道を利用する。

■登山適期
通年可能だが、4月中旬、桜と新緑の時季がベスト。5月のツツジ、6月のアジサイ、10月下旬の紅葉もよい。

■アドバイス
▽本コース以外には皆野駅から登る表参道、高原牧場入口バス停から登り、本コースと並行して萬福寺に下る関東ふれあいの道などの登山道がある。
▽和銅黒谷駅は旧称黒谷駅なので、道標は黒谷駅のままが多い。
▽和銅黒谷駅から徒歩15分の所にゆの宿和どう（☎0494・23・3611）があり入浴できる。14時まで（事前に問合せを）。

■問合せ先
皆野町観光協会☎0494・62・1462、秩父観光協会☎0494・21・2277

■2万5000分ノ1地形図
皆野

先で右の山道に入れば、お犬のくぼの先で関東ふれあいの道に合わさる。石段道からみはらし園地に出ると舗装路だ。トイレ跡をすぎ、急登すると、西から表参道の合わさる**展望休憩舎**に着く。平坦になった尾根の東斜面には花の森が艶やかだ。

コンクリートの展望台がある**簑山**頂上はすぐ先で、時計塔などのある広場は、花の時季には一大観光地の様相だ。展望台上には三角点が埋まり、武甲山《ぶこうさん》、奥秩父、両《りょう》神山《かみさん》、釜伏山《かまぶせやま》などの大観が広がる。

帰りは展望台の下から西へ和銅《わどう》黒谷《くろや》駅を目指す。まばらな雑木林の尾根道は、しだいに傾斜を増し、民家の裏から**下山集落**《しもやま》に出る。里道を道標にしたがい、静かな谷間の**和銅遺跡**《わどう》に立ち寄ろう。

元の道に戻り、祝山橋を渡り切り通しを越えれば国道に出る。左折すると信号の右奥が**和銅黒谷駅**だ。

CHECK POINT

1 春には登山口の萬福寺も花盛りとなる。登山道は左後方へ戻るように墓地脇から稲荷神社へと登る

2 車道を横切って登るが、サクラが頭上に、スミレ、イチリンソウなどが足もとに艶やかな道だ

3 次の車道に出ると、左にはいこいの村ヘリテイジ美の山が間近だ。車道を右に行き、また山道に入る

4 お犬のくぼをすぎると、ほどなく関東ふれあいの道に合流。道は広くなり、やがてみはらし園地に出る

5 皆野駅から簑山神社経由の表参道が合わさる展望休憩舎。城峰山方面を望み、山側に榛名神社が鎮座する

6 稜線の東斜面には花の森が広がり、オオシマザクラ、エドヒガンなどがソメイヨシノのあとに開花する

7 簑山頂上の展望台からは両神山、武甲山、秩父盆地、登谷山などが広がり、台上には三角点が埋まる

8 和銅黒谷駅へ向かい尾根道を下ると下山集落に出る。春爛漫、桃源郷のような山村風景に溶け込むようだ

25

石灰岩採掘で姿を変えたが今も威厳を保つ秩父の名山

武甲山

日帰り

ぶこうさん
1304m

歩行時間＝5時間15分
歩行距離＝9・5㎞

技術度

体力度

コース定数＝**21**

標高差＝779m

累積標高差 ↗851m ↘1126m

秩父盆地を見下ろすようにそびえる武甲山。左は横瀬二子山

春の山頂から見下ろす芝桜の丘

武甲山は秩父を象徴する名山だ。秩父盆地からいっきにそびえ立つその山容は、農事、産業、宗教、学芸など、あらゆる面で山麓の文化に強い影響を与えてきた。残念ながら大正初期からはじまった石灰岩採掘は拡大し、標高と風貌は大きく損なわれた。しかし今でも秩父の人々の心の山であることは変わらない。

生川《うぶかわ》沿いの車道からは、行く手に武甲山が威圧的だ。**一の鳥居**前で直進する妻坂《つまさか》峠への道を分け、右の表参道へ。左にシラジクボへの道を分け、広い道が左へ橋を渡ると**登山道入口**だ。左岸の山道に入ると、5㍍ほどの不動滝を見る。杉林の急登が緩むと**大杉の広場**で、貫禄充分な大杉が枝を広げる緑陰の休憩適地となっている。

尾根道から左へ山腹の登りになると、**山頂分岐**に着く。北に御嶽神社が祀られ、春にはカタクリなどの乱舞する平坦地だ。御嶽神社の背後へ登れば**武甲山**山頂の第一展望所。展望図盤が置かれ、北アルプス、浅間山《あさまやま》、西上州の山々、榛名山《はるなさん》、日光方面、赤城《あかぎ》山と、広大な展望がすばらしい。5月上旬には眼下に芝桜の丘がピンクに染まる。東方には外秩父の山並みが広大だ。

南へ下り、武甲山の肩から奥武

■**鉄道・バス**
往路＝西武秩父線横瀬駅からタクシー約10分で一の鳥居。
復路＝秩父鉄道浦山口駅。

■**マイカー**
圏央道狭山日高ICから国道299号経由で一の鳥居まで約42㌔、1時間。約70台の無料駐車場がある。

■**登山適期**
通年。冬は軽アイゼンが必要。5月上旬、10月下旬がベスト・シーズン。

■**アドバイス**
▽橋立鍾乳洞（☎0494・24・5399）は3～12月上旬のオープン。洞長約140㍍。鍾乳石、石筍、石柱などを鑑賞できる。
▽近くに日帰り専門の武甲温泉（☎0494・25・5151）がある。

■**問合せ先**
横瀬町役場振興課☎0494・25・0114、秩父観光協会☎0494・21・2277、秩父ハイヤー☎0494・24・8180、秩父鉄道☎048・523・3313

■**2万5000分ノ1地形図**
秩父

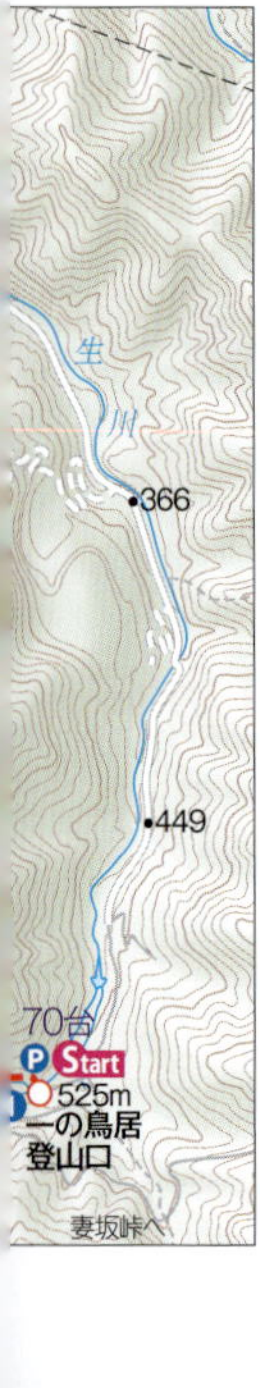

蔵、奥多摩の山々を眺めたら、西へ、カラマツ林の橋立《はしたて》コースを下る。両神山《りょうかみさん》を眺め、尾根に出たところが**長者屋敷《ちょうじゃやしき》ノ頭《あたま》**で、左に小持山《こもちやま》が高い。露岩交じりのやせ尾根を注意深く下れば、道は左に尾根をはずれる。植林の急斜面をジグザグに下って**橋立コース登り口**へ。

沢沿いの道を下り、橋を渡れば林道終点だ。林道を行くと現れる大岩壁に橋立鍾乳洞があり、秩父札所二十八番石龍山橋立堂が祀られる。

舗装路を下り、橋の下でY字路を左へ。里道で秩父鉄道の線路をくぐれば**浦山口駅**はすぐ左だ。

CHECK POINT

1 登山口となる一の鳥居の前後には計80台ほどの駐車場とトイレがある。トイレの右から登山道がはじまる

2 林道は左へ橋を渡るが、武甲山へは左岸通しの登山道を行く。じき右手に5メートルほどの不動ノ滝を見る

3 杉木立の中にひときわりっぱな大杉が立つ大杉の広場。暑い時期には特にうれしい休憩適地だ

4 尾根道から山腹道と変わり、稜線に出たところが山頂分岐。御嶽神社はすぐ右で、その裏が第一展望所だ

5 武甲山頂上と記された第一展望所からは北アルプスや浅間山、西上州、日光方面の山々などの展望が広がる

6 武甲山の肩から橋立コースは急な山腹をジグザグに下るが、長者屋敷ノ頭で尾根道になると傾斜は緩む

7 尾根から植林の急斜面を下り橋立コース登り口に着けば、すぐ下に橋立川の清流が心地よい

8 橋立鍾乳洞まで来ると観光客の車でにぎわっている。浦山口駅へは橋の下を左に下ればもうじきだ

26

琴平丘陵

ことひらきゅうりょう
399m（三角点）

かつて修験者が通った道は変化あふれるハイキングコース

日帰り

歩行時間＝2時間45分
歩行距離＝6・0㎞

技術度
体力度

コース定数＝**10**	
標高差＝152m	
累積標高差	283m
	305m

↑武甲山をバックにした芝桜の丘は、この季節ならではのクライマックス

←影森バス停から行く手に護国観音と武甲山を見上げる

武甲山《ぶこうさん》の北麓に連なる琴平丘陵は、短いが変化に富んだハイキングコースだ。かつて秩父修験の行者は、武甲山と両神山《りょうかみさん》を遥拝しつつ、一日に何度も往復したという。静寂な尾根歩きの終点は、春なら桜や芝桜の観光客で大にぎわいの羊山《ひつじやま》公園だ。

影森駅前の車道を西へ。バス停角を左折すれば、行く手の山上に護国観音が高い。秩父札所二十七番**大淵寺**《だいえんじ》が登山口で、本堂右手の斜面を登ると護国観音の立つ尾根に出る。西に展望が開け、秩父市街地と両神山方面が広大だ。

クサリで岩場を下り、露岩交じりの尾根道は鉄橋を渡って**岩井堂**《いわいどう》に突き当たる。京都の清水寺を思わす舞台造りで、札所二十六番円融寺《えんゆうじ》の観音堂だ。お堂の左から背後の岩上に出ると聖観音像を眺め、秩父修験堂から鉄バシゴで岩場を下る。雑木林の尾根

■鉄道・バス
往路＝秩父鉄道影森駅。
復路＝西武秩父線西武秩父駅。秩父鉄道には西武秩父駅から徒歩5分のお花畑駅で乗車。

■マイカー
東京方面からは国道299号を行き、羊山公園の駐車場（無料）に駐車。芝桜の季節は秩父を敬遠し、飯能駅付近に駐車（有料駐車場多数あり）して西武線を利用するとよい。

■登山適期
羊山公園の桜は4月上旬、芝桜は4月中旬～5月上旬が見ごろ。通年可能で冬も雪の心配は少ない。紅葉は11月。

■アドバイス
▽影森駅から大淵寺への途中にある今井屋（☎0494・24・3273）はローカル色豊かな行動食がいっぱいだ。

▽芝桜の時季は帰りは横瀬駅からでもよい。

■問合せ先
秩父観光協会☎0494・21・2277、秩父鉄道☎048・523・3313

■2万5000分ノ1地形図
秩父

を行けば**長者屋敷跡**《ちょうじゃやしき》に着く。あずまやが建つ休憩適地だ。

　コースは北へ山つつじの岡、大山祇神を通り、植林の鞍部から登り返して尾根に出る。すぐ右の三角点をすぎ、植林の尾根を下れば沢道に出る。右へ橋を渡り、林道に出ると**「武甲山入口」の古い石標**が立つ。かつて武甲山へここからの道があったのだ。

　林道を北に向かい、右へ3本目の沢沿い道に入る。ひと登りで台地に出れば穏やかな木立の平坦な道だ。農道と変わり、右に武甲山を見上げ、羊の牧場を右に見るともう**羊山公園**の一角だ。4月中旬からゴールデンウィークまでは名物の芝桜を目当てに、交通規制も行われるほどの観光客が押し寄せるが、時季をはずせば、のびやかな広がりを楽しめる。

　広い車道を下り峠状の丁字路を西へ。牧水の滝の脇を下り、国道を横切れば**西武秩父駅**は目前だ。

CHECK POINT

1 出発点は秩父鉄道影森駅。駅前の旧道を左に行き影森バス停の角を左折。踏切を渡れば正面が大淵寺だ

2 札所二十七番大淵寺の境内にはサクラ、カタクリ、ツツジ、アジサイなどが咲く。護国観音へはひと登り

3 尾根上の護国観音は五十五尺九寸。「ゴコク」の語呂合わせとか。両神山などの展望がよい

4 ミニ清水寺を思わす岩井堂は、札所二十六番円融寺の観音堂だ。左手から霊気あふれる岩道を登る

5 秩父修験堂を鉄ハシゴで下り、登り返すとあずまやの建つ長者屋敷跡だ。展望はないが休憩によいところだ

6 春にはヤマツツジ咲く尾根道の先に大山祇神が祀られる。社前の筆筒岩展望台は樹木がのびて展望はない

7 「武甲山入口」の石標は、かつてここからの登山道があったことを物語る証人のようだ

8 沢沿いからわずかに登れば明るい木立の台地となる。右手に武甲山を見上げると羊山公園はもうじきだ

27

都県境にそばだつ鋭鋒へ、埼玉側から信仰の道を往復

蕎麦粒山

そばつぶやま
1473m

日帰り

歩行時間＝6時間30分
歩行距離＝11・4km

技術度
体力度

コース定数＝29
標高差＝1026m
累積標高差 ↗1331m ↘1331m

蕎麦粒山は東京・埼玉の都県境尾根上にあり、尖った山容が「蕎麦の実」を思わせることが山名の由来といわれる。東京側からは見えにくいが、埼玉側からは奥多摩《おくたま》の山々の連なりに優美な三角錐が顕著だ。登山道は東京の日原《にっぱら》川沿いからがよく知られているが、ここでは埼玉側にこだわり浦山《うらやま》・大日堂《だいにちどう》から仙元《せんげん》尾根の往復とした。

埼玉県飯能市の龍崖山から望む冬の蕎麦粒山。心惹かれる山容だ

大日堂入口から赤い橋を渡れば左手のお堂の前が登山口。狭い石段から尾根に取り付くと木段の急登が続き、**第一鉄塔**の南で尾根に出る。傾斜が緩み、鉄塔や三角点を確認しながら進む。**第四鉄塔**に出ると行く手に蕎麦粒山が美しいピラミッドを立ち上げ、右手には三《み》ツドッケが躍動的だ。道は稜線をはずれ、東山腹の植林中と変わる。

明治神宮の看板の先で小崩壊に注意し、わずかの急登で稜線に戻ったところが**大楢**《おおなら》で、ここにも明治神宮の看板が立つ。一帯は同神宮の備林（びりん）で、社殿の補修材などの供給地なのだ。

尾根上を進み、樹間に仙元峠のピークを望むと、東面に大崩壊が現われる。足元に注意して通過するが、有間山《ありまやま》から武甲山《ぶこうさん》への大観がすばらしい。

緩急を繰り返す尾根道の登りがつきると**仙元峠**に躍り出る。峠は通常稜線の鞍部だが、ここはピークで、かつて秩父《ちちぶ》と多摩を結び、宗教登山をはじめ多くの人々が行きかった場所だ。

■鉄道・バス
往路＝西武秩父駅からタクシー約20分で大日堂入口。
復路＝浦山大日堂バス停から秩父市営バスで西武秩父駅へ。所要約25分。

■マイカー
国道140号、県道73号で大日堂へ向かうが、毛附（けつけ）トンネルを出た昌安寺前バス停の広場に駐車可能。無料。

■登山適期
4～12月。5月上旬は花と新緑、10月下旬は紅葉がよい。

■アドバイス
▽浦山では県指定無形文化財の獅子舞が大日堂などで演じられる。奥多摩・小河内と共通点が多いといわれ、仙元峠の役割を証明するようだ。
▽仙元峠は本来「浅間峠」で、浅間様（富士山）の遥拝所であった。山頂にある大正6年の石祠には「冨士浅間神社」「木花咲耶姫」（富士山を象徴する女神）のお札が祭られる。
▽若さと体力しだいで山頂から有間山、鳥首峠を経て周回するのもよい。
▽アクセス途中の浦山ダムでは資料館（☎0494・23・1431）を見学できる。

■問合せ先
秩父市観光課☎0494・25・5209、秩父市営バス☎0494・26・1133（市民生活課）、観光タクシー西武駅前営業所☎

CHECK POINT

大日堂前の狭い石段を登ると、木段の急登がはじまる

尾根に出ると背後に第一鉄塔が立つ。休憩適地だ

鉄塔の間には三等三角点「広河原」がひっそりと

第四鉄塔に出るとようやく蕎麦粒山が姿を現わす

大椚脇の明治神宮の看板には当り前の注意書きが

かつては仙元峠で富士山を拝めた。今は樹林の陰だ

↑大崩壊からは北東に大持山や武甲山も見えているが、足もとには充分注意を

←岩塊が散在する蕎麦粒山頂上。この岩が山名の由来とも思える

蕎麦粒山へは東にわずかな道のり。登り着いた**蕎麦粒山**山頂は東に大きく開け、川苔山《かわのりやま》や都心のビル群などの展望が新鮮だ。岩塊の多い山頂だが、その中に「鋭三角稜」と表現される蕎麦の実を思わせる岩があり、本来の山名由来はこちらではないか、と想像してしまう。

下山は往路を戻るが、道迷いしやすい地点がいくつかあるので、注意したい。

0120・24・5611

■2万5000分ノ1地形図
武蔵日原

28 矢岳

駅から見える金字形の尖峰へ静寂な尾根道を往復する

やだけ
1358m

日帰り

歩行時間＝8時間45分
歩行距離＝14.5km

技術度
体力度

！道なし

コース定数＝**35**
標高差＝1088m
累積標高差 ↗1418m ↘1418m

伐採跡に出ると、たどる尾根の先に矢岳が立ち上がる

↑クタシタノクビレ付近ではカタクリが見られる
←サクラ満開の若神子神社

矢岳は東京・埼玉の都県境尾根から北にのびる尾根上の鋭鋒だ。登山口となる武州中川《ぶしゅうなかがわ》駅前から山容を望めるが、登山者は少なく、登山道も整備されていない。しかし、尾根通しに往復するなら読図はさほど困難でなく、目印もあるので、中級者以上なら登ることができるだろう。行動時間約10時間におよぶ、樹林に覆われた地味な山稜の登降は求道者的だが、途中に開ける大展望が楽しみだ。

武州中川駅から里道を、しだれ桜で有名な清雲寺《せいうんじ》へ向かう。隣の**若神子神社**《わかみこ》が登山口だ。「若神子山遊歩道」の標識で南へ急な木段道を登り、浦山《うらやま》ダムからの道を合わせると、あずまやの立つ**国見の広場**だ。

尾根道を下った若神子峠で左右に峠道を分けるが、明瞭な道はここまで。直進して左に荒れた作業道を見送り、尾根上の踏跡を追うと壊れた社殿をすぎる。踏跡は左手から3基の社を通り尾根上へ。大岩の右手を行き、小平地の先で

■**鉄道・バス** 往路・復路＝秩父鉄道武州中川駅。

■**マイカー** 関越自動車道花園ICから国道140号を皆野寄居バイパス経由約32㌔、約1時間で清雲寺。付近に有料駐車場が数ヶ所ある。

■**登山適期** 3〜12月。4月上旬にはカタクリに会える。上部は自然林なので、新緑や紅葉が美しい。

■**アドバイス** ▽明瞭な登山道ではないので、地形図と磁石は必携。大反山からの下りはルート注意。危険箇所はないが、帰りは分岐する支稜に入らぬよう慎重に。

▽国見の広場までは木段の急登だが、途中に若神子神社奥宮、若神子断層洞などがある。

▽千手観音堂では江戸時代から伝わる信願相撲が今も奉納される。

▽武州中川駅前にはJAちちぶそば道場あらかわ亭（☎0494・54・1251）があり、農産物直売所も隣接している。

■**問合せ先** 秩父市荒川総合支所☎0494・54・2114（山麓情報のみ）、秩父鉄道☎048・523・3313

■**2万5000分ノ1地形図** 秩父・武蔵日原

左の急斜面へロープをたぐれば、木立に囲まれた**若神子山**頂上に着く。

植林の尾根を南へ向かうと大反《おおぞり》山《やま》だが、ここも展望皆無。**クタシタノクビレ**から登り返し、送電線鉄塔をすぎると**コトガミ沢《さわ》ノ頭《あたま》**で尾根は右にカーブする。**伐採跡地**に出るといっきに展望は開け、正面に矢岳が鋭い。左には武甲《ぶこう》山《さん》から小持《こもち》・大持《おおもち》山《やま》。再び樹林となった尾根は上下屈曲を繰り返す。登り着いた**矢岳**頂上は、木立に三角点の埋まる静謐の世界だ。

帰りは来た道を戻るが、立木に赤ペンキの目印がありがたい。**クタシタノクビレ**からは西の山腹道へ。伐採跡で熊倉《くまくら》山《やま》方面を眺め、山の神をすぎると、若神子峠から憩の広場経由の道が合わさる。**車道**を下り、十字路に出ればすぐ左は千手観音堂だ。ここからは往路を**武州中川駅**へ戻る。

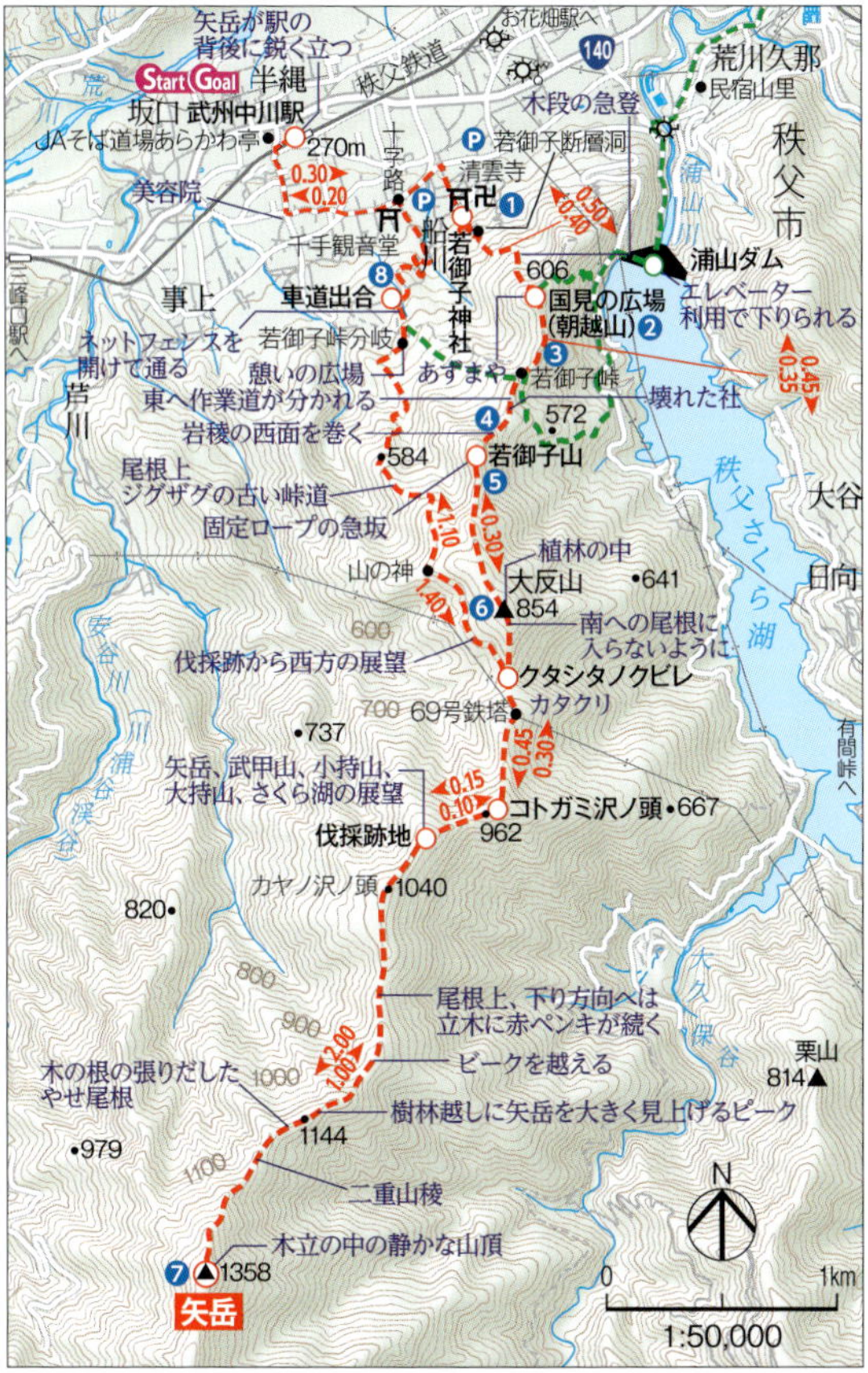

CHECK POINT

1 若神子山へは若神子神社から登る。参道からは神社の背後に若神子山がその御神体のようにそびえ立つ

2 長い木段の登りで着いた国見の広場にはあずまやが建つ。この手前で浦山ダムからの道が合流する

3 若神子峠では左右に道が下る。左は廃村を経て秩父さくら湖へ、右は憩の広場を経て帰路に合わさる

4 3基の社から尾根に出た道は大岩の右を通り、ロープの張られた急な泥尾根に取付く。この上が若神子山だ

5 若神子山は樹林の地味な山頂だ。しかし山麓の千手観音堂から見上げれば、社殿の背後に鋭く高い

6 大反山は広い植林の平坦地に三角点が埋まる山頂だ。ここからの下りは南への尾根に入らぬよう注意

7 屈曲する尾根のピークをいくつも越えて着いた矢岳は木立の中に三角点がひっそりと埋まる山頂だ

8 帰りは立木の赤ペンキが目印だ。クタシタノクビレから左に山腹道を行く。車道に出たところだけ遊歩道だ

29

熊倉山

荒川南岸の地味な山へ。沢道を登り尾根道を下る

くまくらやま
1427m

日帰り

歩行時間＝7時間10分
歩行距離＝12・5km

技術度
体力度

コース定数＝31
標高差＝1117m
累積標高差 1323m 1313m

展望大岩より、両神山方面を望む。今日いちばんの展望地だ

山頂から木の間越しに和名倉山を見わたす

熊倉山は秩父と奥秩父の境目に地味な山容をもたげている。登山道は谷津《やつ》川本谷から右岸の大肌《おおはだ》尾根（当時の呼称）を登る本谷《ほんだに》コースがあったが、30年以上前に閉鎖された。以後、植林中を行く谷津川林道コースが親しまれたが、これも近年崩壊が進み通行止めとなった。

後年整備されたのが城山《しろやま》コースで、林道熊倉線の最高点から山頂への小幡《おばた》尾根を登る。急峻で岩場、やせ尾根も現れる道だ。登山口の南に熊倉城址の城山があり、これを攻めた甲州勢の小幡氏にちなみ小幡尾根とよばれる。大肌尾根は、聞き違いに当て字をしたものだろう。一方、昔から変わらないのが沢沿いの日野《ひの》コースで、山頂直下で城山コースに合流する。日野コースを登り、城山コースを下ろう。

武州日野駅から如意輪《にょいりん》観音堂を経て寺沢《てらさわ》川沿いの道へ。林道熊倉線から**林道秩父中央線**に入ると、すぐ右が日野コース登山口だ。山腹道から一の橋を渡り、沢沿いに登ると沢がY字に合わさる**三叉**《みつまた》だ。

中尾根に取り付くと官舎跡をすぎ、ロープの岩場を登る。沢源頭を横切ると、平坦なカラマツ林の笹平《ささだいら》に着く。またもロープの岩

■**鉄道・バス**
往路＝秩父鉄道武州日野駅で下車。
復路＝秩父鉄道白久駅で乗車。

■**マイカー**
関越自動車道花園ICから皆野寄居有料道路、国道140号経由で武州日野駅まで約35㌔。武州日野駅に有料駐車場あり。城山コース登山口に数台駐車可能（無料）。

■**登山適期**
通年。12～3月は積雪、凍結があるので対応装備が必要。

■**アドバイス**
▽沢沿いの丸木橋は不安定なので飛び石で渡った方がよい箇所もある。下りはすべりやすく、やせた尾根上の急下降が連続する。重心を前にかけ、足先で地面を踏みしめるとすべりにくい。逆コースは沢源頭を横切る箇所で沢に下る危険性がある。

▽武州日野駅近くに道の駅あらかわ（☎0494・54・0022）があり、農産物・地場産品の販売コーナーや食堂も併設されている。

■**問合せ先**
秩父市荒川総合支所地域振興課☎0494・54・2114

■**2万5000分ノ1地形図**
秩父・三峰

場を登り、城山コースに合わされば、わずかな急登で山頂に出る。山頂看板と三角点が迎える**熊倉山**頂上は、西に和名倉山《わなくらやま》を望む樹林に囲まれた静寂境だ。

帰りは往路を日野コース分岐まで戻り、城山コースを下るが、急ですべりやすい。大岩のある凹地を通り、岩稜を登ると西方に開けた**展望大岩**に出る。今日いちばんの展望地で、両神山《りょうかみさん》、浅間山《あさまやま》、御荷鉾山《みかぼやま》などの大展望がすばらしい。急な下りはまだまだ続き、ロープで登降するピークを2つ越える。植林に入るとほどなく**城山コース登山口**だ。林道熊倉線を西へ、**白久《しろく》駅**へと下ろう。

行く手に熊倉山を仰ぎ寺沢川沿いを行く

CHECK POINT

1 林道熊倉線から秩父中央線に入るとまもなく日野コース登山口だ。山腹から左の沢に下り一の橋を渡る

2 沢沿いの道は不安定な丸木橋で何度も渡り返す。沢がY字に合わさる三又に着けば尾根上の登りとなる

3 官舎跡から本格的な急登となり、ロープの張られた岩場も現れる。傾斜が緩むと沢の源頭を横切る

4 沢から登り着いた笹平はカラマツ林の平坦地。ゆっくり休憩しよう。この先も岩場、岩塊、奇岩が多い

5 樹林の熊倉山頂上は西にわずか開けるのみ。三角点と鉄板の大きな道標は50年以上前から不変だ

6 帰り道の城山コースは立木や木の根に頼る急下降の連続だ。両側が切れ落ちたやせ尾根なので滑落厳禁！

7 城山コースには小岩峰もいくつか現れる。急な箇所にはロープが固定されているが、注意深く行動したい

8 雑木林から植林に変わると林道は近い。城山コース登山口に出れば、あとは白久駅まで林道下りだ

30 御岳山

みたけやま
344m

由緒ある社寺を起点に周回する子供連れでも楽しめる埼玉県最北の山

日帰り

歩行時間＝2時間40分
歩行距離＝4・5㎞

技術度
体力度

↑岩山から城峯山（左の双耳峰）、桜山（右手前）、雨降山（右奥）などを眺める

←国指定重要文化財の多宝塔

コース定数	＝9
標高差	＝184m
累積標高差	↗306m ↘306m

神川《かみかわ》町は神流《かんな》川をはさんで群馬県に隣接しているが、その中ほどにある御岳山は、埼玉県最北の山だ。容易に登れて展望はすばらしい。山麓には『延喜式』に載る金鑽《かなさな》神社があり、中腹では国指定天然記念物の鏡岩を見物できる。間近に金鑽元三大師《かなさながんざんだいし》ともよばれる別当寺の大光普《だいこうふ》照寺《しょうじ》があり、その背後は木立の美しい丘陵だ。短時間だが変化があり、子供連れでもあきずに楽しめる。

国道から**大鳥居**をくぐり金鑽神社の参道へ。車道から右へ石段道を登れば国指定重要文化財の多宝塔を見上げる。

■鉄道・バス
往路・復路＝JR八高線児玉駅からタクシー約15分。（本庄タクシー☎0495・21・5111 要予約）

■マイカー
関越自動車道本庄児玉ICから国道462号を約10㌔、20分で大光普照寺または金鑽神社駐車場。どちらも広く無料だが、大規模な法要などがある場合は駐車できない。

■登山適期
通年。4月下旬～5月上旬の新緑とツツジ、11月中～下旬の紅葉時がベスト。冬も雪の心配は少なく遠望はクリアで雑木林は明るい。

■アドバイス
▽岩山、急な登り、緩い下り道、ブランコ、アスレチックなどの遊具（25年2月現在池田公園の遊具の大半は使用不可）と、子供が喜ぶスポットが山盛りだ。子連れなら時間の余裕をたっぷり取りたい。
▽岩山展望は周囲が切れ落ちた危険箇所。子供はしっかり監視を。
▽国道を西へ行き、新宿交差点を南へ行くとおふろカフェ白寿の湯（☎0274・52・3771）がある。赤褐色の湯が特徴で食事もできる。

■問合せ先
神川町役場経済観光課☎0495・77・0703

■2万5000分ノ1地形図
藤岡

参道に下り、拝殿前を進むと蓮池分岐だ。右へ木段道を登れば鏡岩の脇を登って稜線の鞍部に出る。すぐ左はあずまやの建つ広場で、正面が岩山展望の岩峰だ。

左から弁慶穴を眺めて登れば**岩山展望**に着く。浅間《あさま》隠山《かくしやま》、榛名《はるな》山《さん》、赤城山《あかぎやま》、城峯山《じょうみねさん》、雨降山《あめふりやま》など全周の大展望が楽しい。

鞍部に戻り、石仏の並ぶ尾根道を行けば、ロープのある急登で**御岳山**頂上に立つ。木立に囲まれた山城跡だが、樹間から浅間山を望めることも。

元の鞍部から南へ下れば蓮池脇の法楽寺《ほうらくじ》跡で橋を渡る。幅広い遊歩道を緩やかに下り、往路に合流したら御嶽橋でまた右岸へ。散策路を歩き、さいか橋を渡れば出発点の**大鳥居**はじきだ。

国道のはす向かいにある大光普照寺に入り、舗装路を直進。道は舗装の墓地経由、山道の鐘楼堂経由に二分するが、じき尾根上で合わさる。季節感豊かな雑木林の尾根道はあずまや脇を通り北へ。

尾根先端から右へ下り、池田公園の看板で鋭角的に右折。左のあぜ道に入ればローラー滑り台の脇を登り、アスレチックのある広場に出る。南の尾根を右に行き、分岐を左へ下ると、大光普照寺の駐車場先で国道に出合う。

CHECK POINT

1 金鑽神社は国道のカーブ地点にある。参道を進み、右の石段を登ると多宝塔に出る。一度下って拝殿へ

2 拝殿をすぎると蓮池分岐で道は二分する。左は帰り道。右へ登ると石仏などの多い道を鏡岩へと登る

3 鏡岩は国指定天然記念物。約一億年前の断層活動でできたとされる地質学的に貴重な露頭といわれる

4 あずまやの広場から岩場を左へ行くと弁慶穴。山腹の悪い道を行けば岩山展望に出るが、よい道もある

5 岩山展望には石祠が祀られ、城峯山や北関東の山々などの展望が大きい。周囲は切れ落ちている

6 石仏の立ち並ぶ道を鞍部に戻り、直進して御岳山へ登り返す。樹林中だがロープのある急登が楽しい

7 御岳山頂上は中世の山城跡といわれる。鞍部に戻り往路と反対側に下れば蓮池を経て往路に合わさる

8 大光普照寺の裏に広がる丘陵は雑木林が美しい。遊具のある池田公園を周回して国道に戻る

鐘撞堂山山頂からの大展望。西に両神山、二子山、城峰山

31

鐘撞堂山

雑木林の静かな山稜から登るバラエティ豊かな展望の低山

かねつきどうやま
330m

日帰り

歩行時間＝3時間30分
歩行距離＝6・5㎞

技術度
体力度

コース定数＝13	
標高差＝233m	
累積標高差	↗416m ↘398m

鐘撞堂山は秩父山地が関東平野へ消える末端に、小さく高まっている。頂上からの展望がよく、荒《あら》川《かわ》対岸の鉢形《はちがた》城の見張り場だったことが山名の起こりであるほどだ。大正《たいしょう》池コースがよく知られているが、静かな雑木林の尾根を行く八幡山《はちまんやま》コースをたどる。

秩父鉄道**桜沢《さくらざわ》駅**は登山者に縁の薄い駅だ。橋上の改札口から北へ下り、十字路で県道を左折。踏切、歩道橋と渡り、八幡神社の境内へ。社殿の右裏から登山道に入れば、雑木林の中、露岩交じりの急登わずかで傾斜は緩む。2つ目のピークが**八幡山**だ。南北に開けた木立の間からは寄居《よりい》の町並みや赤城山《あかぎやま》などの展望が広がる。

鞍部で大正池への道を左に分

背後が開けてくると、山頂はじきだ

五百羅漢を眺めるコースも楽しい

■鉄道・バス
往路＝秩父鉄道桜沢駅下車。
復路＝東武東上線、JR八高線、寄居駅から乗車。

■マイカー
関越自動車道花園ICから国道140号を約10分で寄居駅。付近の有料駐車場に停め、秩父鉄道で桜沢駅へ。

■登山適期
通年可能。桜の4月上～中旬、紅葉の11月下旬～12月上旬がベスト。冬は積雪の心配は少ない。

■アドバイス
▽八幡山コースは道標が整備されているが、尾根は複雑に屈曲している。読図練習によいコースだ。
▽帰りは円良田湖から羅漢山に登り、五百羅漢を眺めて里道を秩父鉄道波久礼駅へ歩くのもよい。約1時間。
▽亀の井ホテル長瀞寄居（☎048・581・1165）は波久礼駅に近い山上に建つ。無料送迎バスが使えない時は、波久礼駅まで車道を徒歩10分。

■問合せ先
寄居町観光協会☎048・581・3012

■2万5000分ノ1地形図
寄居

け、照葉樹のピークを右へ。次の木立のピークで左折するが、この右には石祠と三角点があるので現在地を確認できる。

次に登り着いた丁字路の**分岐**は深谷《ふかや》・寄居の市町界尾根で、右に十二社《じゅうにしゃ》神社を示す道標が目印だ。雑木林の尾根道は緩い上下を続け、南に開けた疎林のピークに出る。ここからは鐘撞堂山がもう間近に高い。

急な木段に息を切らせ、尾根に出ると右にレンガ造りの古峰《ふるみね》神社が祀られる。山頂は左へじきだ。春には桜に埋まる**鐘撞堂山**頂上にはあずまや、展望台が建ち、関東平野と周辺の山並み、両神山《りょうかみさん》や榛名山《はるなさん》などを見わたせる。

帰りは西へ円良田《つぶらだ》湖に下る。湖畔（**羅漢山登山口**）に出たら堰堤上を西へ。車道を南へ下り、右手の細道に入ると沢沿いの山道となる。道が右に曲がると緩い登りとなり、尾根に出ればすぐ左の建物が**亀の井ホテル長瀞寄居**だ。展望風呂で汗を流し、送迎車で寄居駅まで送ってもらおう。

CHECK POINT

1 桜沢駅から北の車道を西に向かい、踏切、歩道橋と渡ると八幡神社に着く。社殿の右奥が登山口だ

2 八幡山に着くと北に赤城山、南に寄居の市街地が間近に開ける。越えた鞍部で大正池への道が左に下る

3 雑木林の感じがよい尾根道が続く。上下屈曲がけっこうあるので、地形図をしっかり読んで歩きたい

4 南西に展望が開ける疎林のピークからは、鐘撞堂山頂上を望める。登り来た尾根も背後に低い

5 急な木段道が現れるが、古いジグザグの登山道も並行して残っている。登りやすい方を歩こう

6 山頂への尾根に出ると、右奥には古峰神社が祀られる。レンガ造りの覆堂はとても珍しく由来が気になる

7 鐘撞堂山頂上はあずまや、展望台、三角点があり疎林に囲まれる。しかし木立の間からの展望は大きい

8 羅漢山への道と分かれ円良田湖を堰堤で渡る。昭和30年にできた灌漑用の人造湖で、釣り人も多い

32 横隈山

歴史を刻む峠道、隠れキリシタンの郷、雑木林の美しい山稜

よこがいさん
594m

日帰り

歩行時間＝4時間20分
歩行距離＝10・5km

技術度

体力度

コース定数＝**18**

標高差＝454m

累積標高差 657m 497m

稜線からは西に西上州の山々が。右は雨降山、中央奥に赤久縄山、雨降山の山頂と重なりその右奥に東御荷鉾山

北秩父は目立たぬ山並みが起伏するが、横隈山はその中でも奥まったところにある。地形図に山名はなく、峠を越えて登山口にいたるアクセスも加わる寂峰だ。

野上駅《のがみ》前の道を直進。道なりに右に曲がり、広い十字路を左折。長瀞《ながとろ》ゴルフ倶楽部の看板で右に入れば、ゴルフ場への広い道を右に分けて沢沿いの林道となる。長瀞高原ビレッジ跡から山道と変わり、荒れ気味の竹林を抜けると峠道らしくなって、**出牛峠**《じうし》に着く。

いろは橋付近から集落の背後に横隈山を望む。右奥が山頂

尾根上に車道の通る峠に昔日の面影はないが、かつて信州、上州と秩父を結んだ要衝だ。下り着いた出牛は隠れキリシタンの郷といわれ、児玉《こだま》、上州、皆野《みなの》、野上を結ぶ接点の宿場町でもあった。

車道を北へ行き、横隈山を見上げ、**いろは橋**を渡って左へ。長い車道の終点が**横隈山登山口**。山道は沢沿いに続き、傾斜が増すと**平**《ひら》**沢**《さわ》**峠**に出る。古い石標が寂しげだ。

北へ尾根をたどると右手に雑木林が広がり、丁字路の尾根に出れば一面の雑木林が鮮やかに季節を彩る。左へ鋭角的に曲がって小ピークを越え、右にカーブすると左

■鉄道・バス
往路＝秩父鉄道野上駅下車。
復路＝更木バス停から皆野町営バスで秩父鉄道皆野駅へ。

■マイカー
関越自動車道花園ICから国道140号を約16キロ、30分で野上駅。駅前に有料駐車場あり。駅に申し込む。下山後は皆野から野上まで電車利用。

■登山適期
通年。新緑の4月中旬か5月上旬、紅葉の10月下旬～11月中旬がベストだが、冬枯れの雑木林も捨てがたい。

■アドバイス
▽道は明瞭で道標などの手入れもよい。ただし往路の出牛までは登山者用の道標はほとんどない。
▽出牛には県指定民俗文化財の人形浄瑠璃が伝わり、収蔵庫が目立つ。

▽皆野町営バスは本数が少ない。事前確認のこと。

■問合せ先
長瀞町観光協会☎0494・66・3311、本庄市観光協会児玉支部☎0495・72・1334、皆野町観光協会（町営バスも）☎0494・62・1462

■2万5000分ノ1地形図
鬼石

に林道をかすめる。やや急なジグザグひと息で稜線だ。「御嶽大神」「武尊大権現」などの石碑が立ち、北に浅間山《あさまやま》、榛名山《はるなさん》、赤城山《あかぎやま》などの展望が大きい。

東へわずかで**横隈山**頂上だ。三角点のある山頂からは西に城峰《じょうみね》山《やま》方面がわずかに開ける。

平沢峠まで戻り、植林の尾根を直進。小ピークで右に曲がると新しい四等三角点をすぎる。2本目の鉄塔先の作業道を左に下り、林道に出たところが**住居野峠**《すまいのとうげ》だ。ここも平沢峠同様に上州と出牛を結ぶ峠だったが、今は昔の風情だ。

林道を東へ下り合流した林道を左に下れば**更木**《さらぎ》**バス停**に着く。

樹間から神流湖と雨降山（右）、東御荷鉾山（左）を垣間見る

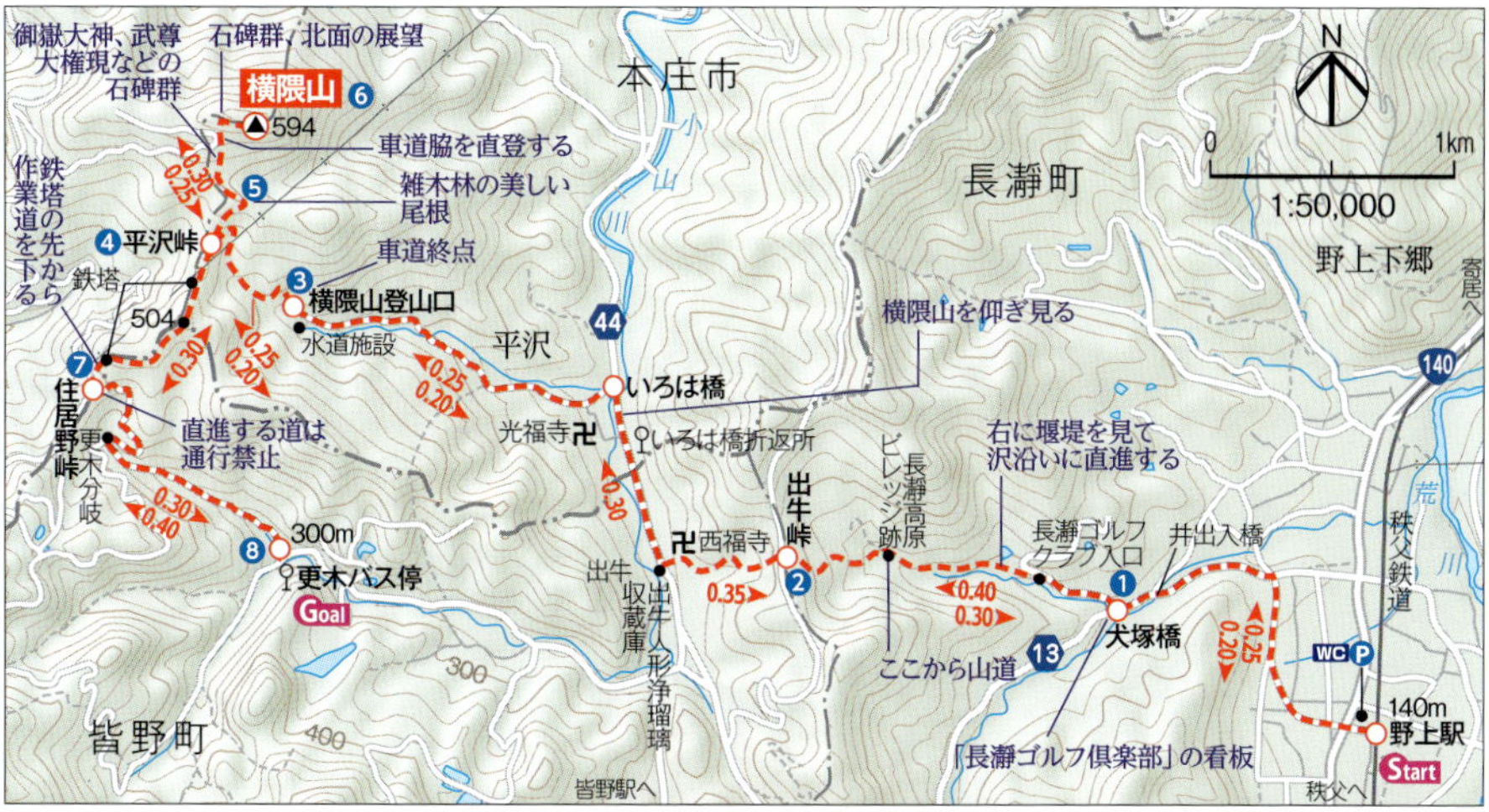

CHECK POINT

広い車道から、犬塚橋の手前で長瀞ゴルフ倶楽部の看板にしたがい右折。ゴルフ場への道と分かれて峠道へ

登り出た出牛峠は尾根上に車道が通っている。これを下った出牛は大神ゼウスにちなんだ地名とか

県道からいろは橋を渡り、平沢集落を経て着いた車道終点が横隈山登山口。ここから山道となる

平沢峠に上州へ下る道はもはやない。北へ登る尾根道の西は植林だが、東面には雑木林が広がってくる

丁字路の尾根に出ると雑木林がすばらしい。山頂を往復したらここでゆっくりと昼食にしたいところだ

稜線に出ると北に西上州や赤城山などを見わたすが、山頂は少し東だ。疎林の横隈山頂上は展望に乏しい

2本目の鉄塔から作業道を下ると住居野峠。車道の越える峠に昔日の面影はなく、峠道も消失している

車道を下れば更木バス停に着く。休日はバスの本数が少ない。バス時刻から逆算して出発時間を決めよう

33

宝登山

日帰り

「宝の山」に登り、季節感豊かな雑木林の尾根道を縦走

ほどさん
497m

歩行時間＝3時間35分
歩行距離＝8・5㎞

技術度

体力度

コース定数＝14

標高差＝357m

累積標高差 469m 469m

長瀞駅前から見上げる宝登山

ロウバイ

宝の山に登るとはなんともめでたい山名だ。しかし本来は「火止《ほど》山《さん》」だった。日本武尊は東征の折この山に登拝したが、猛火に襲われた。それを山犬(＝狼)が助け火止山と名づけたが、後年宝登山に変わったという。山麓には宝登山神社が祀られ、神武天皇、大山祇神とともに火を制御する火産霊《ほむすびの》神《かみ》も祀られる。三峯神社、秩父神社とともに秩父三社とよばれ、山頂の奥宮に鎮座する狛犬は野性的迫力満点の狼だ。

宝登山はロープウェイで山頂近くまで登れ、1～2月にはロウバイ、3～4月には梅林と、冬場でも観光客を引きつける。山頂から北へ下る尾根は長瀞《ながとろ》アルプスとよばれ、四季の表情豊かな雑木林が美しい。

長瀞駅から表参道で宝登山に登り、長瀞アルプスへと縦走しよう。行く手に宝登山を見上げて車道を登る。宝登山神社を右に見て、正面の表参道へ。ロープウェイ山麓駅を左に分けると広い道となるが、車は通らない。背後に釜《かま》

■鉄道・バス
往路＝秩父鉄道長瀞駅下車。
復路＝秩父鉄道野上駅から乗車。

■マイカー
関越自動車道花園ICから寄居皆野バイパスに入らず、国道140号を約1時間で長瀞駅。長瀞駅前に有料駐車場あり。帰りは野上駅からひと駅間だけ電車に乗る。野上駅にも有料駐車場がある。

■登山適期
通年。冬は軽アイゼンを用意するほうが安心だ。

■アドバイス
▽奈良沢峠は舗装林道の屈曲点だが、左手を注意して歩くこと。長瀞アルプスは私有地を好意で整備している。料金箱に協力金を。
▽ロープウェイを利用すれば、登りを1時間以上短縮できる（ロープウェイ宝登山麓駅☎0494・66・0258）。
▽長瀞駅間近の岩畳は国指定天然記念物。広く荒々しい岩棚が清流に張り出す奇景に立ち寄りたい。

■問合せ先
長瀞町観光協会☎0494・66・3311

■2万5000分ノ1地形図
鬼石

伏山《ふせやま》や登谷山《とやさん》方面の山並みが高まると、ロープウェイ山頂駅を左に見てロウバイ園に入る。すぐ先が木立の**宝登山**山頂で、奥宮は東面に祀られる。

山頂から北西に下る裏参道は急な木段が約200段連続し、登りだと「心臓破りの木段」になる。舗装の林道を右へ10分ほど下り、**奈良沢峠**《ならさわ》から左へ長瀞アルプスに入る。雑木林の山稜は穏やかに起伏し歩きよいが、小鳥峠《ことり》、野上《のがみ》峠、ともにこれを越える峠道は廃道だ。道はほとんど尾根通しだが、304メートル峰は東を、御嶽《みたけ》・天狗山《てんぐやま》は西を巻く。道標は控えめなので見落とさぬよう注意したい。尾根を右にはずれ、沢から里道に出ると**萬福寺**《まんぷく》に着く。

田園風景の車道を南に向かえば、歩いたばかりの長瀞アルプスが右手に好ましい。道が左にカーブすれば**野上駅**は正面だ。

CHECK POINT

広い表参道を登りロープウェイ山頂駅に近づくと、背後に釜伏山や登谷山方面の山並みが広がってくる

宝登山山頂直下のロウバイ園は1月上旬~2月下旬、少し下の梅百花園は2月上旬~3月下旬が見ごろとなる

宝登山頂上は樹林の中だが西に開けて両神山を望める。南には秩父盆地と武甲山も大きく広がっている

裏参道は急な木段の下り。これを登りにとると「心臓破りの木段」となるので逆コースはすすめられない

舗装の林道から左の尾根に入ると、これまでと大きく変わり、四季の表情美しい雑木林の世界となる

宝登山を背後に長瀞アルプスの尾根道を行く。尾根を越える峠道は廃道が多いが、氷池へは下れる

290メートル峰で宝登山を振り返り小休止。葉の落ちた冬は木肌が艶やかに輝き、陽光の暖かさに満ちている

尾根道が沢に下ると里道になる。独特の低い塀が続く萬福寺からは、長瀞アルプスを見上げて野上駅へ

34

破風山

日帰り温泉を起点の展望とちょっぴりスリルのミニ縦走

日帰り

はっぷさん
627m
（コース最高点＝653m／大前山）

歩行時間＝3時間50分
歩行距離＝6・5km

技術度 ★★☆☆☆
体力度 ★☆☆☆☆

コース定数	＝**15**
標高差	＝448m
累積標高差	↗ 580m ↘ 510m

大前山からは両神山を遠く眺める急な下りだ

破風山頂上から武甲山と秩父の町並み。手前は長尾根

破風山は、秩父盆地の北方に屋根形の山稜を遠慮がちにそばだてている。西には秩父札所三十三番菊水寺《きくすいじ》と三十四番水潜寺《すいせんじ》を結ぶ札《ふだ》立《たて》峠があり、往時は巡礼者でにぎわった。南の桜《さくら》ヶ谷《や》集落からの登山者が多いが、北面の温泉センターを起点に、西へのびる静かな岩尾根を縦走しよう。

秩父温泉前バス停から橋を渡り温泉の建物背後の車道へ。丁字路を右折し、道なりに進む。左から落ちる尾根の端が登山口だ。

木立の尾根を登り、風戸《ふと》集落の車道を行けば「風戸の鏡肌」をすぎる。あずまやの広場から山道となり、小尾根に出れば光あふれる雑木林の山稜だ。東に皆野《みなの》駅へ下る尾根道を分け、西へ登ると**猿岩**《さるいわ》に着く。尾根は南に曲がり、雑木林が広がればあずまやの立つ稜線だ。反対側より桜ヶ谷からの道を合わせ、西へ木立のやせ尾根を行けば、明るい**破風山**頂上に躍り出る。三角点があり、石祠の祀られる山頂は南に開け、武甲山《ぶこうさん》、秩父市街地、武川岳《たけかわだけ》、丸山《まるやま》などが広大だ。

■鉄道・バス
往路＝秩父鉄道皆野駅から皆野町営バス18分で秩父温泉前バス停下車。
復路＝同バス秩父華厳前バス停から27分で皆野駅へ。

■マイカー
関越自動車道花園ICから国道140号、皆野寄居道路、県道44号、284号を行き、約30㌔、20分で皆野町営駐車場（無料・トイレあり）。

■登山適期
通年可能。ツツジと新緑の5月上旬、紅葉の11月上旬がベストだが、冬枯れの雑木林も美しい。冬の積雪は少ないが、軽アイゼンとロングスパッツは用意する。

■アドバイス
▽如金さまから先は岩稜となるので岩場が苦手なら、札立峠から水潜寺へ下ればよい。
▽秩父温泉満願の湯（☎0494・62・3026）は滝を望む4つの露天風呂が魅力の日帰り温泉で、疲労回復によい。食堂のメニューは豊富だ。隣接する満願ビレッジ（☎0494・

CHECK POINT

1 登山道は風戸の山村に出ると車道となる。断層による露頭の鏡肌を眺め、高原状の里道をのんびり登る

2 植林の登山道が尾根に出ると、一転して明るい雑木林の世界となる。東に皆野駅からの山靴の道が合わさる

3 尾根道を行くと猿岩に突き当たる。上を向いた猿の顔に見えなくもない。コースはここから南に曲がる

4 南面に大展望が広がる破風山頂上に到着。石宮が祀られ、武甲山や奥秩父の山々、秩父盆地を見わたせる

5 札立峠は今でも残る巡礼道。岩場の苦手な人はここから北の水潜寺へ下ろう。札所三十四番の結願寺だ

6 如金さまの岩峰を巻いて登山道は西へのびる。この先は岩場で、やせ岩稜やクサリでの登降が多くなる

7 頭の欠けた石像の立つ大前山からは、いちばん長く急なクサリの下りだ。右手に巻道もある

8 大前集落に出るが、右折して再び山道を下る。植林の斜面からバス道に出れば秩父華厳前バス停は左だ

62・47　26）は、トレーラーハウスやコテージなど設備の整ったキャンプ場だ。

■問合せ先
皆野町観光協会（町営バスも）☎0494・62・1462

■2万5000分ノ1地形図
皆野

下山は、西へ雑木林を急下降すると、木立の中に往時の石標が立つ**札立峠**に着く。尾根上を行き、「富士浅間神社」の石碑をすぎると如金《にょっきん》さまの岩峰が突き立つ。

クサリが現れるとスリリングな岩稜のはじまりだ。クサリで岩場を登り、南面が切れ落ちたやせ尾根を行くと武蔵展望台。武甲山や奥秩父の展望が広がる。なおもクサリは続き、**大前山**《おおまえやま》に立てば両神《りょうかみ》山《さん》がいかめしい。

急なクサリで下り着いた鞍部の大前下降点から右へ。樹林の道を沢沿いに下れば**大前集落**に着く。集落内で右折し、直進する植林の山道を下ると、橋を渡ってバス道に出る。左へ5分ほどで**秩父華厳**《ちちぶけごん》**前バス停**だ。滝へは5分ほどで、近くには茶屋もある。

35

粟野山・金岳

あのうやま　675m
かねたけ　520m

秩父事件にかかわる深い山峡にひそむ樹林の鋭鋒と道なき岩峰

日帰り

歩行時間＝4時間50分
歩行距離＝4・5㎞

技術度
体力度

道なし

コース定数＝**16**

標高差＝405m

累積標高差 ↗560m ↘560m

P3から粟野山（左奥）、城峯山（中央右奥）などの山々を眺める。手前鮮緑の円頂はP5、その手前に岩峰のP4が見える

P3から武甲山（右奥）、横瀬二子山（中央奥）、左へ丸山、簑山など。手前はP2

　現在、秩父市となっている旧吉《よし》田《だ》町は、明治時代の秩父事件に深く関わる地域だ。石間《いさま》川、阿熊《あぐま》川沿いの山村からは多くの農民が秩父困民党に加わった。下吉田の椋《むく》神社は困民党蜂起の地であり、道の駅龍勢会館には、中心人物・井上伝蔵邸が復元されている。粟野山、金岳はそんな山村の背後に高まるが、訪れる人は極めて稀だ。

　阿熊観光トイレ対岸の岩崎神社脇の山道を登る。簡易舗装の道が室久保《むろくぼ》集落に出たら左へ。行く手に「金」字形の金岳を見上げて、**粟野への山道に入る**。粟野はすでに廃村となった集落だが、峠まで道は明瞭に続く。

　峠からまずは粟野山へ往復しよう。北へ尾根をたどると岩場を右から越え、雑木林の尾根となる。道はないが歩きやすい。登り着いた**粟野山**は植林の中に三角点が埋まる小平地で、樹間から二子山《ふたごやま》、両神山《りょうかみさん》などが望まれる。

　峠に戻り、尾根を直進すると巨岩に突き当たる。左へ岩根沿いに巻き進むが道はない。樹林の尾根を右に登れば**金岳P5**だが、樹林の中だ。さらに尾根を進むと、またも岩壁に突き当たる。これも左から巻き、右へ岩稜の切れ目に向かい岩場を登ると3・4のコルだ。岩稜を戻るように登るとP4で、目前にP3が鋭い。

　先のコルに戻り、ピナクルを東から巻き、不明瞭なルンゼを登ると岩稜に出る。南へ登る岩稜はもろく、ホールド欠落やスリップしないよう慎重に。

　登り着いた**金岳**P3は360度の展望台。北には先ほどの粟野山が意外に鋭く、右に城峯山《じょうみねさん》。南に武甲山《ぶこうさん》をはじめ奥武蔵や外秩父の山々が広大だ。目前のP2へは

■鉄道・バス

往路・復路＝西武秩父線西武秩父駅から西武観光バス吉田元気村行きで龍勢会館下車。阿熊観光トイレまで徒歩1時間。または秩父鉄道皆野駅からタクシー約30分（西武観光バス☎0494・22・1635　丸通タクシー皆野営業所☎0120・

注：粟野山は廃村となった粟野集落と周辺一帯の総称だが、そのシンボルとしてここでは山名とした。

CHECK POINT

1 阿熊観光トイレ対岸の岩崎神社からすぐ奥に、室久保集落への登り口がある

2 室久保から粟野集落への峠道入口には明瞭な道標があり、道も峠まで不安ない

3 峠道は尾根を越えて粟野へ向かうが、この先は道形あいまいだ。道標もここまで

4 粟野山へ道はないが尾根上を忠実にたどる。下りで別の尾根に入らないように

5 峠に戻り金岳に向かうとP5の岩稜が立ちはだかる。左を巻くが道はない

6 P4の岩稜も左から巻くが道はない。岩根沿いに進み右へ岩稜の切れ目に出る

7 コルから右へ岩稜を登りP4に立てば目前にP3が鋭い。右下にピナクルも

8 P3への岩稜はとてももろい。岩に力をかけずていねいに登降しなければならない

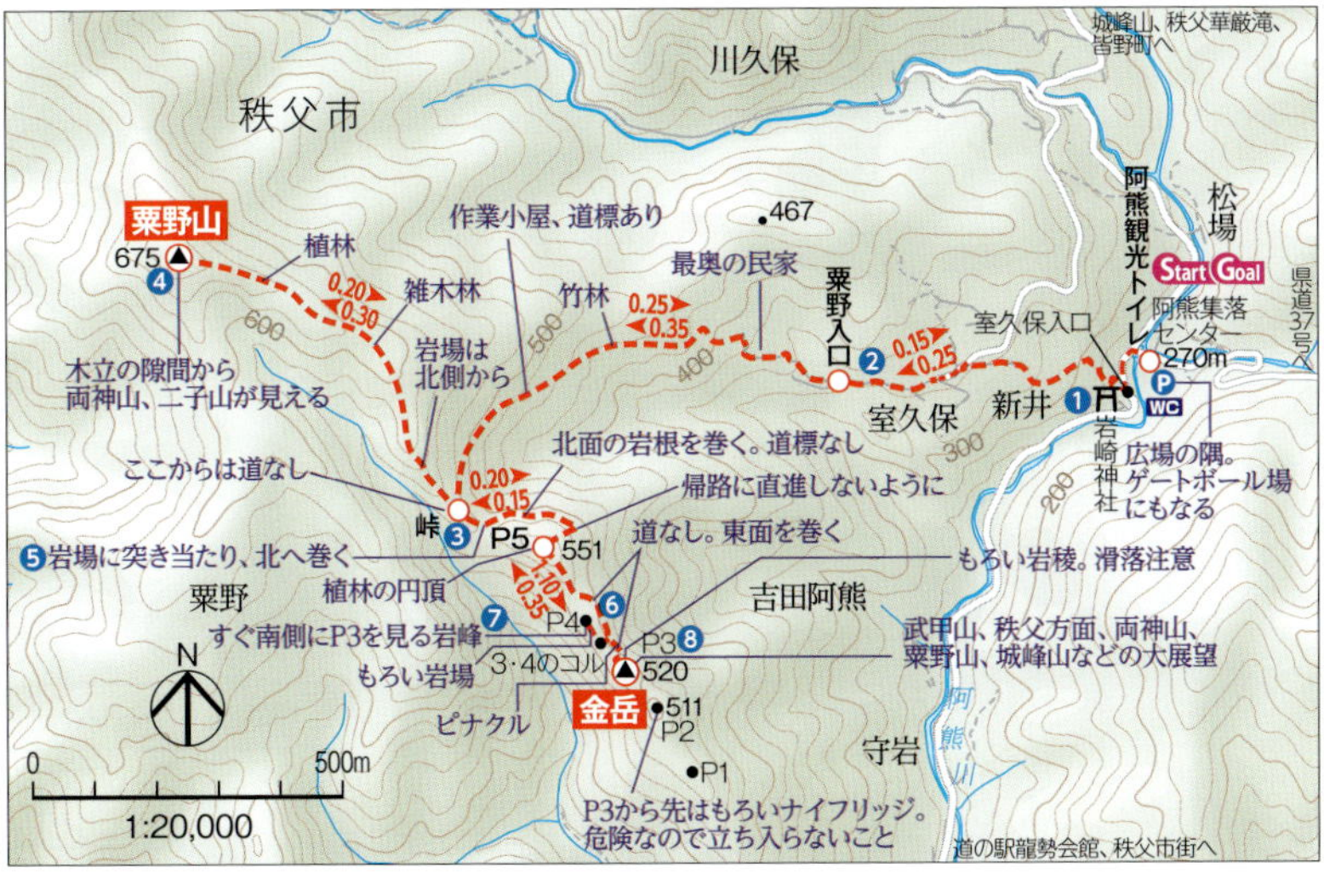

もろい岩稜で、危険度が高いので、ここから往路を戻ることにしよう。P5は樹林の尾根を下りすぎないよう注意したい。

274・102）。

■マイカー 関越自動車道花園ICから国道140号、皆野寄居道路経由約27キロ、40分で阿熊観光トイレ。集落センターに駐車するが、ゲートボールなどのじゃまにならない場所に。

■登山適期 10〜4月。

■アドバイス ▽道は峠までしかない。金岳は踏跡も目印も皆無に近く、地形を自分で判断する。ルートミスと滑落の危険あり。

▽道の駅龍勢会館（☎0494・77・0333）は農民ロケットといわれる「龍勢」や秩父事件関係の展示が興味深い。近くの椋神社にも立ち寄りたい。

■問合せ先 秩父市吉田総合支所地域振興課☎0494・72・6083（山麓情報のみ）

■2万5000分ノ1地形図 皆野

36 城峯山

じょうみねさん
1038m

埼玉県の山の全域を見わたす山頂へ、マイカー利用で手軽に登頂

日帰り

歩行時間＝1時間42分
歩行距離＝3・5km

技術度
体力度

コース定数＝**6**	
標高差＝118m	
累積標高差	222m（登り） 222m（下り）

左に電波塔の立つ城峯山と右の鐘掛城は、埼玉県の山々からのよい目印だ。釜ノ沢五峰より

城峯山は埼玉県の北部にあり、県内の山をほぼ全域見わたせる。位置的な条件に加え、山頂に電波塔の展望台があるからだ。逆に県内の多くの山からは電波塔と、隣接する鐘掛城《かねかけ》との双耳の形がわかりやすく、ランドマークとなる山だ。平将門伝説にゆかりが深く、山麓に秩父事件に関わる山村が点在する山でもあり、山頂間近の城峯神社には日本武尊が祀られる。バス利用で南から表参道を登るのが伝統的な登山道だが、車道歩きが長い。ここではマイカーで城峯神社の駐車場を起点に、展望と伝説の山を気軽に楽しみたい。

万年橋《まんねん》バス停から石間《いさま》川沿いに秩父事件ゆかりの集落を抜け、表参道を右に分ける。「城峯神社」の道標を目印に稜線を北へ越え、石間峠で尾根の南に出て右に入れば、**城峯神社駐車場**に着く。

車を置いたら**石間峠**へ。まずは鐘掛城へ往復だ。峠から東の尾根に入れば小ピークを越えて**鐘掛城**に着く。植林中に南北に道が分かれ、振り返れば城峯山が高い。

石間峠に戻り、尾根を西に登れば一等三角点の埋まる**城峯山**だ。電波塔展望台に登れば、まず城塞のような両神山《りょうかみさん》が目に飛びこむ。甲武信《こぶし》三山など奥秩父をはじめ、武甲山《ぶこうさん》、奥武蔵、外秩父、北秩父など埼玉の山だけでなく、日光方面、赤城山《あかぎやま》、榛名山《はるなさん》、御荷鉾《みかぼ》山《やま》、西上州と全周の大展望に時を忘れる。

北西へ木立の尾根を下れば城峯神社への道を分ける。石祠の祀られる展望のよい岩峰の先が城峯神

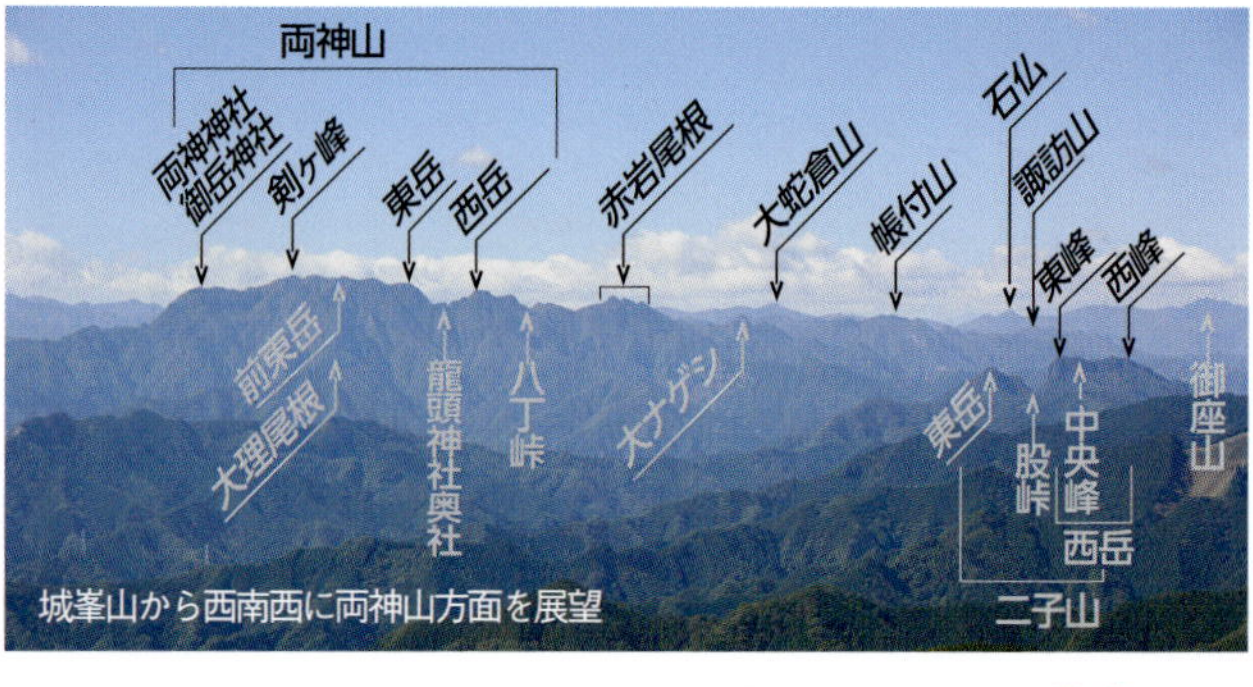

城峯山から西南西に両神山方面を展望

■鉄道・バス
往路・復路＝西武秩父線西武秩父駅から西武観光バス55分の万年橋から車道2時間、登山道1時間の徒歩で城峯神社。
■マイカー
関越自動車道花園ICから国道140号の皆野寄居道路、県道44号、37号で万年橋まで約27キロ、40分。城峯神社駐車場は約20台。無料。
■登山適期
通年可能だが、好展望の冬は車の冬装備が必要。花と新緑の5月上旬、紅葉の10月下旬がベスト。
■アドバイス
▽石間峠にはあずまやがあり、北へ関東ふれあいの道が城峯公園方面へ下る。
▽城峯神社近くには城峯山キャンプ場（☎0494・77・0573・要予約）、トイレがある。
▽奥宮への道は岩稜上なので注意。
▽将門隠れ岩のクサリは長く急で、岩登りに習熟した技術が必要。
■問合せ先
秩父市吉田支所地域振興課☎0494・72・6083、西武観光バス☎0494・22・1635
■2万5000分ノ1地形図
皆野・長又・万場・鬼石

社奥宮の**天狗岩**だ。戻って右に下り、天狗岩の岩根沿いに西へわずかで、将門の隠れ岩に着く。3段の急なクサリで岩穴に登れるが、無理は禁物だ。

東へ下れば広い境内の**城峯神社**だ。ここからも両神山など南西の展望が大きい。左にキャンプ場を見て杉並木を下ると右に表参道が分かれる。**駐車場**はすぐ左だ。

CHECK POINT

1 車道の越える石間峠にはあずまやがある。関東ふれあいの道は北へ車道を少し下る

2 鐘掛城は植林の山頂だが、背後に城峯山が高い。石間峠からの途中のピークは南に巻道がある

3 山頂の電波塔展望台は城峯山いちばんの特徴だ。常時開放されているので夜景の撮影もできる

4 猿田彦神社の祀られるここが城峯神社の奥宮だ。樹林中だが来る途中石祠のある岩峰は南西に展望がよい

5 将門隠れ岩へは三段のクサリで登れるが、クサリ場の難度は妙義山並みに高いので注意

6 城峯神社は広い境内の奥に、山頂を背後にして社殿が祀られる。ここも南西に開けて展望がよいところだ

城峯山から南南西に武甲山方面を展望

37 皇鈴山・登谷山

みすずやま 679m
とやさん 668m

山麓の生活に密着していた尾根筋を縦走するロングコース

日帰り

歩行時間＝6時間15分
歩行距離＝6・0㎞

技術度 1/5
体力度 2/5

コース定数＝**22**
標高差＝499m
累積標高差 877m 918m

皇鈴山より城峯山（左の双耳峰）。奥に赤久縄山（中央左）から御荷鉾山（右の双耳峰）への連なり。右手前は宝登山

東《ひがし》秩父《ちちぶ》村・寄居《よりい》町と皆野《みなの》町・長瀞《ながとろ》町を分ける尾根筋は、なだらかな起伏を連ね、山麓の生活や産業と深くかかわっていた。そのため車道は発達しているが、往古の人達の痕跡も多く見かける。時折開ける大展望と、人と自然の融合した山稜を楽しみたい。

内手《うちで》（打出《うちで》）バス停から戻って橋を渡り、山村の道を行く。「外秩父七峰縦走コース」の道標で車道を縫って登れば、杉林の山道となる。左に牧場を見れば**二本木《にほんぎ》峠**はじきだ。

北へ尾根道を登ると「愛宕《あたご》神社」の石碑が立つ愛宕山《あたごやま》だ。北へ下って車道を横切り、雑木林の尾根をたどれば**皇鈴山**に着く。地形図に山名はないが、あずまやが建ち、小祠が祀られる、コース中最も気分よいピークだ。西には奥秩父、両神山《りょうかみさん》、城峯山《じょうみねさん》などの展望が大きい。

北へガレの縁を手すり沿いに下り、車道を進んで、その二又から中尾根に入る。登り着いたピークが**登谷山**で、北東に榛名山《はるなさん》、赤城《あかぎ》山《やま》、日光方面などの展望が開けるが、電波塔施設の廃墟が無粋だ。

山頂から北へ下ると、これも閉鎖となった登谷牧場跡で車道に出る。車道をしばしで**釜伏《かまぶせ》峠**。左右に車道が下るが、右寄りの釜山《かまやま》神社参道へ入る。社殿の左から裏の尾根を右へ。あずまやから登り返せば**釜伏山《かまぶせやま》**に着く。樹林中に石祠の祀られる静寂境だ。

戻って往路を左に分けると車道に出る。これを北へ下れば一時右の山道を歩き、車道が二分する**賽神《さいのかみ》峠**に着く。尾根道に入れば植林となり、仙元《せんげん》峠を経て**植平《うえだいら》**

■鉄道・バス
往路＝東武東上線・JR八高線小川町駅からイーグルバス20分で内手（打出）バス停下車。
復路＝秩父鉄道野上駅から乗車。

■マイカー
小川町、寄居などの駅付近に駐車し、電車・バス利用で周回できる。

■登山適期
通年可能だが、夏場は敬遠したい。5月上旬、11月中旬がベスト。冬も雪は少ない。

■アドバイス
▽「外秩父七峰縦走コース」は小川町駅から官ノ倉山、笠山、大霧山、釜伏峠を経て寄居駅へ下る約42キロの、自分で脚力を検定できるコース。釜伏峠から寄居駅まではずっと車道だ。
▽春日神社から南へ下れる道標があるが荒れている。直近の分岐に戻ること。

小川町駅前のあけぼので弁当を

■問合せ先
東秩父村商工会☎0493・82・1315、長瀞町観光協会☎0494・66・3311、イーグルバス☎0493・72・6600

■2万5000分ノ1地形図
安戸・寄居・鬼石

峠で西へ尾根をはずれる。尾根筋はやや複雑だが、いくつかの分岐を春日《かすが》神社へとればよい。**春日神社**からは直近の分岐に戻り、野上《のがみ》駅を目指す。

車道に出た左が**法善寺**《ほうぜん》で長瀞七草寺・藤袴の寺だがシダレザクラでも有名だ。井戸信号を左折。直進して踏切を渡れば、**野上駅**はすぐ左だ。

CHECK POINT

内手バス停からわずかに戻ったところが登山口で、トイレ、観光看板がある。橋を渡り二本木峠へ向かう

峠道から尾根に出たところが車道の通る二本木峠。最初のピーク・愛宕山へは正面の尾根へまっすぐ登る

皇鈴山はあずまやが立ち展望も広がるコース中最も気分よい山頂だ。東へ樹林を抜けるとそちらも大展望

手すりのある崖上の尾根を下ると行く手に電波塔を載せた登谷山が迫る。電波塔はすでに廃墟となっている

七峰縦走コースは釜伏峠から車道を寄居駅へ下るが、ここでは釜山神社から釜伏山へ登り野上駅へ下る

釜伏山から車道に出てこれを下る。車道が二分するところが賽神峠で、その中尾根に入り植平峠へ向かう

植平峠からは分岐が多いが、常に「春日神社」の道標にしたがう。春日神社からは最後の分岐に戻り野上駅へ

春日神社は山麓から目立つ金ヶ岳に祀られる。車道に出たところはその参道入口で、南に法善寺がある

38

大霧山

おおぎりやま
767m

山村と峠道の風情、展望広がる山頂の大観を楽しむライトハイク

日帰り

歩行時間=3時間55分
歩行距離=9・0km

技術度

体力度

コース定数=**16**

標高差=532m

累積標高差 606m 611m

入山集落から振り返る大霧山

大展望の大霧山頂上

笠山《かさやま》、堂平山《どうだいらやま》とともに比企《ひき》三山とよばれる大霧山は、その南北に定峰《さだみね》峠、粥仁田《かゆにた》峠が越えている。かつては秩父と江戸を結ぶ要路として多くの旅人が行き交い、山裾には今でも山村が健在だ。歴史を刻む山村と峠道にいにしえを想い、山頂の大展望を楽しみたい。

定峰バス停から少し戻り、石標の示す「左　大河原《おおがわら》道」へ進む。舗装路を登り、定峰神社をすぎれば右手に丸山《まるやま》方面の展望が広がって、春には花咲き乱れる定峰集落に入る。**時計つき道標**、定岳寺《じょうがくじ》とすぎて県道を横断。すぐ上で同じ県道に出たら右へ。左奥に堰堤の見える沢の左岸が登山口だが、道標が小さいので注意したい。

すぐ上で林道を右に分ければ、昔日を彷彿とさせる峠道となる。植林の尾根をジグザグに登り、小尾根をからむと**旧定峰峠**に着く。

杉林の峠から北へ急な木段の尾

■鉄道・バス

往路=西武秩父線西武秩父駅から西武観光バス約30分で定峰バス停下車。

復路=同バス高原牧場入口から約35分で西武秩父駅。

■マイカー

西武秩父駅付近の有料駐車場に停めてバスを利用する。

■登山適期

通年可能。冬の雪は少ないがロングスパッツは用意すること。4月下旬～5月上旬、10月下旬～11月上旬がベスト。

■アドバイス

▽定峰集落から登山口への途中、2つ目の県道に出ると直進する踏跡があるが、コースではない。

▽西武秩父駅には西武秩父駅前温泉「祭の湯」(☎0494・22・7111)がある。隣接してフードコート「呑喰処 祭の宴」、物販エリア「ちちぶみやげ市」も。

■問合せ先

秩父観光協会☎0494・21・2277、皆野町観光協会☎0494・62・1462、西武観光バス☎0494・22・1635

■2万5000分ノ1地形図

安戸

根を登る。ベンチの置かれたピークで右に曲がれば、周囲は雑木林に変わり、右手に牧草地を前景にした笠山、堂平山がおおらかだ。わずかに下り急登を登り返すと、**大霧山**頂上に躍り出る。北から西南に大きく開けた山頂からは、ひときわ目立つ両神山、武甲山《ぶこうさん》、城峯山《じょうみねさん》、御荷鉾山《みかぼやま》、浅間《あさま》山《やま》、簑山《みのやま》、宝登山《ほどさん》などの山々が遠近に展開する。

　北へ急な木段を下れば雑木林の尾根道となり、高原牧場入口バス停への道が左に分かれる。粥仁田峠はすぐ先だが、車道の越えるこの峠は敬遠し、**分岐**をバス停方向へ下ることにしよう。

　雑木林の美しい道は牧柵沿いとなり、植林に入る。小尾根から沢を渡ればじきに**車道**だ。入山《いりやま》集落で背後に大霧山を見上げ、行く手には簑山山腹に広がる山村風景が郷愁を誘う。

　バス道に出たところが**高原牧場入口バス停**だ。

CHECK POINT

旧定峰峠への入口には元禄九年の石標が立つ。「大河原」とは現東秩父村役場があるあたりの旧村名だ

定峰集落には時計つきの道標がある。通りすぎるだけの者への暖かい思いやりを深く感じる山村風景だ

旧定峰峠は秩父と小川町を結ぶ峠のひとつ。石祠が祀られ、ダイダラボッチの伝説もほほえましい

旧定峰峠から樹林の尾根道を行くと、右手に笠山(左)、堂平山(右)が牧草地の向こうに姿を現す

樹林の小ピークに立つと大霧山が行く手をはばむようにそびえ立つ。下りはロープのある急斜面だ

大霧山頂上から粥仁田峠へ向かい、雑木林の尾根道を下る。立木を頼りのザレた急下降の後で傾斜はゆるむ

高原牧場入口バス停への分岐。粥仁田峠はすぐ先だが車道の越える峠は敬遠してここから西へと下る

高原牧場入口バス停へ向かい、雑木林の尾根道を行く。下部は植林道となり、林道から入山集落に出る

39

花咲く山村、雑木林の尾根道、展望の山頂と、低山の魅力満載

笠山・堂平山

かさやま　837m
どうだいらさん　876m

日帰り

歩行時間＝4時間15分
歩行距離＝10・5km

技術度
体力度

コース定数＝21
標高差＝661m
累積標高差　↗923m　↘785m

バス道から見上げる笠山はなかなかの貫録だ

川越《かわごえ》市あたりから西の空を望むと、山並みの右端に乳房形の山が目立つ。比企《ひき》のおっぱい山と親しまれる笠山だ。その左の鈍重な山が堂平山で、天文台ドームの小突起が特徴だ。大霧山《おおぎりやま》とともに比企三山とよばれている。

皆谷《かいや》バス停先で左の舗装路に入ると、登山道は車道を縫ってのびる。松《まつ》ノ木平《きだいら》展望台では朝日根《あさひね》集落や大霧山の展望が大きい。あずまやが建つT字路を右折し、地蔵様の分岐を左に下れば萩平《はぎだいら》T字路で、すぐ先が**笠山入口**だ。

溝状にえぐれた登山道は林道を2度横切り、枝道を分けつつ高度を上げる。植林帯から穏やかな雑木林に変われば頂上は近い。

右に堂平山への縦走路を分けると**笠山西峰**だが、灌木に囲まれ展望は乏しい。東の笠山神社が祀られる**東峰**は、遠くから眺めた乳首にあたる岩峰だ。

西峰に戻り、分岐から南へ木立の尾根を下る。林道に出たら左に進み、これと分かれて正面の尾根道へ。目前に堂々とそびえる堂平山を眺めて下る。左に林道が近接するところが**笠山峠**だ。

右に下り、白石《しらいし》車庫への道を右に分け林道を横断。堂平山へは右前方の尾根道へ。雑木林を抜けた芝草の広大な斜面は、パラグライダースクールの私有地だ。この先

■鉄道・バス
往路＝東武東上線、JR八高線小川町駅からイーグルバス25分で皆谷バス停下車。
帰り＝白石車庫バス停から同バス35分で小川町駅へ。

■マイカー
関越自動車道嵐山小川ICから国道254号、県道11号などで皆谷バス停先のヤマメの里親水公園の駐車場（無料）を利用。約19㌔、30分。帰路は白石車庫からバスで皆谷バス停に戻る。この間を歩く場合は3・2㌔、35分前後。

■登山適期
通年可能。3月下旬～4月上旬は春爛漫の山里と芽吹き前の雑木林が秀逸。紅葉の11月中旬もよい。冬はロングスパッツ、軽アイゼンが必要。

■アドバイス
▽星と緑の創造センター（☎080・2373・8682）は旧国立天文台堂平観測所を利用した天体観察施設で、各種宿泊設備もある。3～12月に開設。

■問合せ先
東秩父村産業観光課☎0493・82・1223、ときがわ町役場商工観光課☎0493・65・1521、イーグルバス☎0493・72・6600

■2万5000分ノ1地形図
安戸・正丸峠

花盛りの春の山里

が**堂平山**頂上で、天文台ドームを中心とした「星と緑の創造センター」となっている。マイカーで登れる山頂で、展望は360度だ。

三角点を通って車道に下り、七峰縦走コースの道標で右に登れば剣《けん》ヶ峰《みね》に着く。コース最高峰だが、電波塔が占拠し展望絶無。「劔峯大神」の石碑が寂しげだ。

西へ尾根をたどると、あずまやの立つ**白石峠**。**白石車庫バス停**へは右に沢沿いの道を淡々と下ればよい。駐車場の少し先がバス停だ。

CHECK POINT

1 笠山登山口は、皆谷バス停とヤマメの里親水公園駐車場のほぼ中間だ。トイレはヤマメの里駐車場にある

2 里道の登りから振り返れば、大霧山が槻川の対岸にせりあがる。このあたり、春には爛漫の山里風景が広がる

3 尾根に出たら右へわずか、お地蔵さんの分岐で左に下り、萩平T字路を直進して笠山入口へ

4 雑木林の登山道は四季折々の表情が豊かで心やわらぐ。こずえ越しに笠山が優美なたたずまいだ

5 堂平山への縦走路を右に分けると笠山西峰だ。要所に立つ「外秩父七峰縦走」の道標は明瞭で心強い

6 笠山東峰には笠山神社が祀られ、東側からの登拝路が合わさる。社殿西端の岩棚は休憩によいところだ

7 天文台の立つ堂平山頂は一等三角点、展望図盤が置かれ、360度の大展望を楽しめる。コースは南へ直進

8 電波塔の立つ剣ヶ峰を西に下ると車道の白石峠に着く。白石車庫バス停へはあずまやの手前から右に下る

石尊山から榛名山を眺める。中景は荒川左岸の陣見山から鐘撞堂山へ連なる山稜

40

日帰り

金勝山・官ノ倉山

町並みの背後に高まる2つの展望峰へ駅を起点に一日で登る

きんしょうざん　264m
かんのくらやま　344m

歩行時間＝4時間
歩行距離＝12.0km

技術度
体力度

コース定数＝19
標高差＝224m
累積標高差　807m　782m

裏金勝山より右奥に笠山（右）、堂平山（左）をのぞむ。手前は石尊山（左）と官ノ倉山（右）

官ノ倉山は「外秩父七峰縦走」起点の山として知られるが、かつては山麓の信仰を集める「神の倉山」すなわち神様の降臨する岩のある山だった。金勝山は東武東上線とJR八高線にはさまれた三角地帯の小さな山だ。山頂近くの「小川《おがわ》げんきプラザ」は校外学習でも親しまれている。標高は低いが、展望に優れるこの2山をつなげて歩こう。1山だけでもOKだ。

東武竹沢《たけざわ》駅から右に線路をくぐる。突き当りを右折し、左へげんきプラザへの東登山道に入る。右に沢コースを分けて簡易舗装路から右の尾根へ。植林中の木段を登ればベンチのある尾根に出る。右に進み、第一避難小屋の右から山腹道へ。沢コースを合わせて尾根に出れば、すぐ左が**金勝山**頂上だ。北に榛名山《はるなさん》、赤城山《あかぎやま》、日光方面、南に笠山《かさやま》などの展望が広がる。

北西へ裏金勝山を経て下れば、小川げんきプラザの建物脇を通

■鉄道・バス
往路＝東武東上線東武竹沢駅またはJR八高線竹沢駅下車。復路＝東武東上線、JR八高線小川町駅。

■マイカー
関越自動車道嵐山小川ICより約6㌔、12分で小川町駅。駅周辺に有料駐車場あり。

■登山適期
通年可能。4〜5月、10〜11月がベスト。冬でも雪はほとんどないが、ロングスパッツと軽アイゼンがあれば安心。

■アドバイス
▽JR八高線竹沢駅からの場合は駅前の国道を東に行くと本コースが横切る地点に出る。
▽小川げんきプラザ（☎049 3・72・2220）は金勝山に広がる社会教育施設で、本コース以外の登山道も多い。プラネタリウムは土・日曜・祝日に一般公開され、個人でも5名以上なら格安で宿泊できる。
▽小川町駅周辺には老舗から気軽なお店まで飲食店が多く、下山後の打ち上げに好都合。

■問合せ先
小川町役場☎0493・72・1221

■2万5000分ノ1地形図
安戸・武蔵小川

る。木立の尾根を左にはずれ、八高線沿いの車道を東へ。竹沢駅を右に見て酒屋の角を右折。八高線、**国道**と渡れば穏やかな里道となり、三光神社先で**天王池**《てんのう》に着く。

池を左に眺め、木立の道を登れば官ノ倉峠だ。安戸への道が正面に下り、官ノ倉山へは左に登る。

露岩と疎林の**官ノ倉山**頂上からは、近くに笠山《かさやま》、堂平《どうだいら》山《やま》、石尊山《せきそんざん》、遠くには赤城山《あかぎやま》、筑波《つくば》山《さん》なども見える。

尾根を東に進み、石尊山からはクサリのある急な下りだ。鞍部で右に尾根をはずれ、沢沿いに広くなった道は、右に北向不動《きたむきふどう》を見上げて**車道の丁字路**を右折。工務店のY字路を右にとって、右へ水路を渡れば山道になり、小尾根を越える。車道を横切り、長福寺《ちょうふくじ》前を左へ。広い車道を横切り、住宅街の車道を行けば**八幡神社**に着く。桜並木の参道を東に向かえば、**小川町駅**は近い。

CHECK POINT

金勝山はまばらな木立の山頂だ。樹間から榛名山、赤城山、日光方面、笠山などの展望が広がる

金勝山の下りから振り返ると小川げんきプラザのドームが光る。すぐ下の車道を左折し竹沢駅の裏を行く

国道を横切り木部の里道を行くと三光神社に突き当たる。日、月、星が祀られ、近隣の信仰を集めている

天王池は灌漑用水だが、ほとりにはあずまやが建ち、小休止に好都合。ここから植林の山道の登りとなる

官ノ倉峠は植林中の広い鞍部だ。外秩父七峰縦走コースはまっすぐ安戸へ下るが、官ノ倉山は左へ登る

官ノ倉山から東に行った石尊山も展望がすばらしい。榛名山や荒川左岸の尾根筋を広く見わたせる

石尊山からはクサリも張られる急な下りだが、長くは続かず、尾根を右にはずれて沢沿いの道となる

北向不動をすぎて車道に出ると、右手にトイレがある。ここからは里道歩きが多くなり、小川町駅へ向かう

41

仙元山

武蔵の小京都を見下ろしめぐる、歴史と展望のミニハイク

日帰り

せんげんやま
299m

歩行時間＝3時間30分
歩行距離＝9・5㎞

技術度 ●○○○○
体力度 ●○○○○

コース定数＝13
標高差＝209m
累積標高差 366m 366m

見晴らしの丘公園展望台から、笠山(左)、堂平山(左端)を望む

ユネスコの無形文化遺産登録で細川紙が注目を浴びた埼玉県小川《おがわ》町。仙元山はその背後に小さく高まる山だ。歴史と展望、そして子供たちの歓声ひびく公園と、さまざまな要素がぎっしり詰まっている。

小川町周辺では8世紀ごろから和紙生産がはじまり、江戸時代に紀州発祥の丈夫で実用的な細川紙が流入した。紙の大量消費地である江戸に近く、付近にも慈光寺《じこうじ》など寺社が多いため、和紙の一大産地として発展。そのためか、酒、織物、建具、和食などの文化も成熟し、「武蔵の小京都」とよばれている。

槻川畔から仙元山を見上げる

コース中には歴史が身近に迫る遺跡が多い。円城寺《えんじょうじ》には1300年代の板石塔婆。山頂間近には1860年造立の百庚《ひゃくこう》申《しん》。山頂先の青山《あおやま》城跡は、戦国時代の遺跡とか。西光寺《さいこうじ》は鐘楼門が特徴で、室町時代創建になる曹洞宗の古刹だ。

小川町駅前の車道を南へクランク型に進む。槻《つき》川を渡り、信号の先で「見晴らしの丘公園」を目指して左の小道へ。円城寺《えんじょうじ》をすぎ、踏切の先で右折。Y字路を右に行き、天満宮《てんまんぐう》を左に見送り、坂道を登れば尾根に出る。登山道は植林から雑木林と変わり、よい雰囲気だ。山腹道から右に分かれて急登

■鉄道・バス
往路・復路＝東武東上線・JR八高線小川町駅が最寄り駅。

■マイカー
関越自動車道嵐山小川ICから約10分の道の駅おがわまちに駐車し、起終点とする。駐車場96台。埼玉伝統工芸会館は同施設内にある。

■登山適期
通年可能。展示休憩所、西光寺付近のカタクリ群落、西光寺の枝垂れ桜などが見られる4月上旬がベストだろう。

■アドバイス
▽山中の歩行は短く街歩きがあるので、靴はローカットの方が歩きよい。
▽埼玉伝統工芸会館（☎0493・72・1220）では、県指定の伝統的手工芸品が展示され、隣接して物産館、食堂もある。

和紙を手漉きする人形は埼玉伝統工芸会館のシンボル

■問合せ先
小川町役場☎0493・72・1221

■2万5000分ノ1地形図
武蔵小川

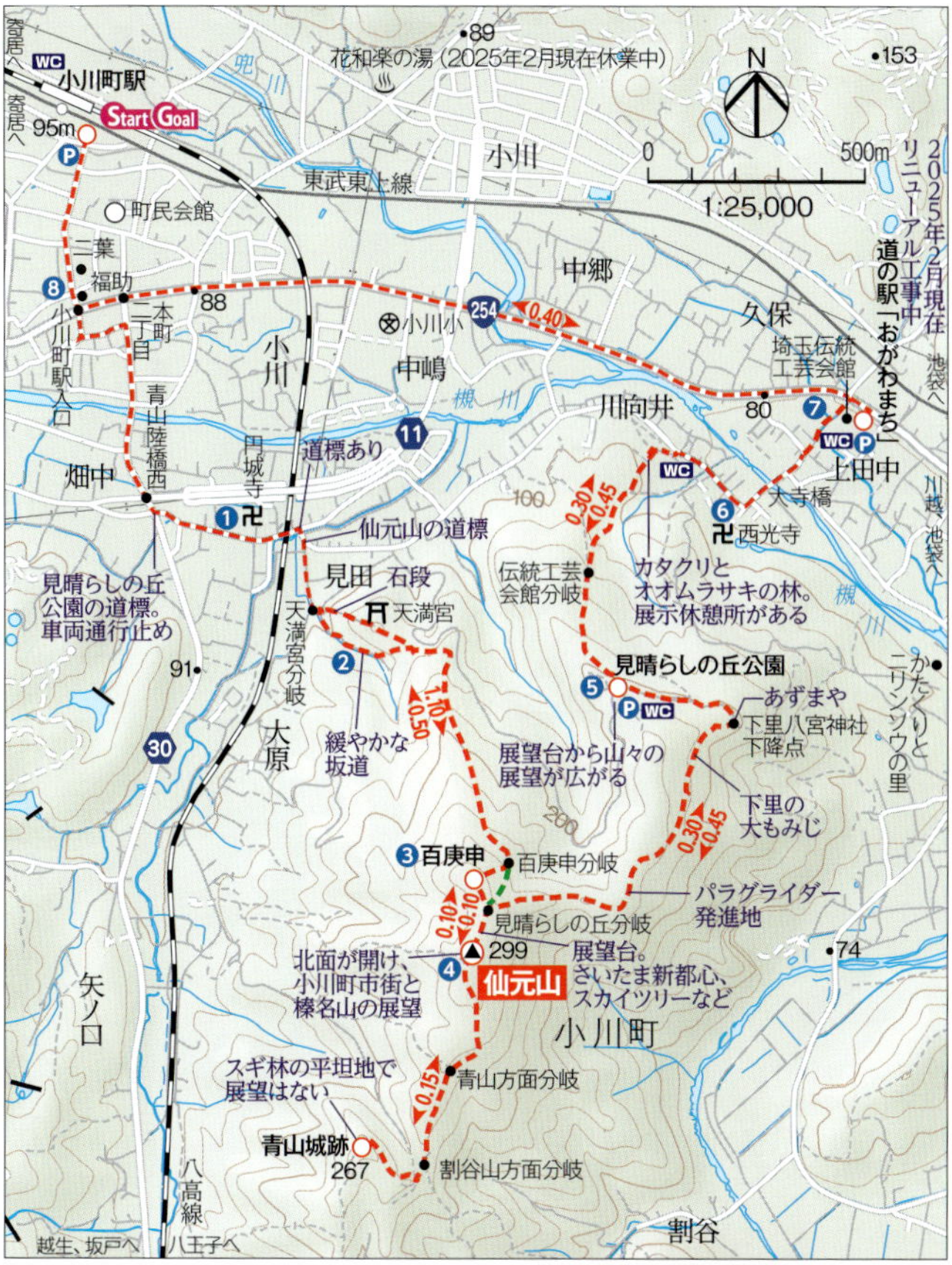

すると、尾根上に**百庚申**が立ち並ぶ。南へ向かい、帰路を左に分けると展望台で、スカイツリーが遠く高い。**仙元山**頂上はすぐ先で、小川町市街や榛名山《はるなさん》などを眺められる。**青山城跡**を往復しよう。

帰りは分岐へ戻り、尾根道を**見晴らしの丘公園**へ。ローラー滑り台のある公園は、家族連れでにぎやかだ。展望台からは笠山《かさやま》、浅間《あさま》山《やま》、赤城山《あかぎやま》などを見わたせる。

売店脇から北へ遊歩道を下り、分岐は右へ。展示休憩所の先で出た車道を右へ。西光寺を眺めて北東へ向かえば**埼玉伝統工芸会館**に着く。**小川町駅**へは国道を西へ向かおう。

CHECK POINT

1 青山陸橋西信号のすぐ先で細道を左折。車道に合わさると踏切の手前に板石塔婆の立つ円城寺がある

2 天満宮入口からは左右どちらの道も鞍部で合流。その先から山道で、雑木林の気分よい登りが続く

3 登山道から右に百庚申への道が分かれる。急登わずかで出た尾根には庚申塔がずらりと立ち並び壮観だ

4 左に展望台をすぎるとすぐ先が仙元山頂上だ。植林中だが、榛名山や小川町市街地を見わたせる

5 山頂から戻り、東の尾根を行くと見晴らしの丘公園に出る。ローラー滑り台が人気で展望もすばらしい

6 カタクリとオオムラサキの林展示休憩所の先で車道に出る。右にわずか行けば鐘楼門が特徴の西光寺だ

7 埼玉伝統工芸会館は、手漉き和紙をはじめ、さまざまな伝統工芸品制作の実演を行い、体験もできる

8 歴史を誇る小川町には、老舗の味処から気軽に入れるお店まで、下山後を楽しむ飲食店は豊富だ

42

大高取山

おおたかとりやま
376m

梅の里に高まる山をめぐり、華やぐ山里と静かな尾根を歩く

日帰り

歩行時間＝4時間45分
歩行距離＝12・5㎞

技術度 1/5
体力度 1/5

コース定数＝18
標高差＝310m
累積標高差 ↗574m ↘574m

弘法山山麓から大高取山を仰ぎ見る

越生梅林は家族連れに人気

越生《おごせ》梅林、黒山《くろやま》三滝など、観光開発に熱心な越生町には観光客が集まる。その中央に位置する大高取山は、植林に覆われた地味な山容だが、山麓は季節を彩る花々が豊かだ。すぐ北の弘法山《こうぼうやま》にも登り、にぎやかな山麓と静かな山道をのんびり歩きたい。

越生駅前の道を直進し、県道を右折。役場前の信号を左折し、役場と公民館の間の道を北へ。**五大《ごだい》尊《そん》入口**をすぎ、三滝入口交差点を歩道橋で渡る。里道を進み、県道に出た先で左に入れば、弘法山観世音は目前だ。本堂の左奥から山道をひと登りで、諏訪《すわ》神社の祀られる**弘法山**に着く。

越生の町並みを見下ろす山頂から観世音に戻り、見正寺《けんしょうじ》の脇で出た車道を右へ。左に大高取山を見上げ、石碑の脇から左へ行けば**越生梅林**に着く。梅の季節には屋台もひしめく観光地だ。越辺川《おっぺ》を

■鉄道・バス
往路・復路＝東武越生線、JR八高線越生駅を利用。

■マイカー
関越自動車道鶴ヶ島ICから国道407号、県道114、39、30号で約12㌔、30分で越生町役場。役場裏の中央公民館駐車場に駐車（無料）できる。

■登山適期
2月下旬～3月中旬の梅の時季がベスト。

■アドバイス
▽越生駅前の観光案内所OTIC（☎049・292・6783）では、観光情報を得られるほか、越生町特産の梅を活かした土産物が豊富だ。

▽1000本余りの梅が植えられた越生梅林は、ベストシーズンには梅まつりが行われ、ミニSLも走る。
▽オーパークおごせ（☎049・292・7889）は宿泊、BBQ、お風呂などが楽しめるリゾート型の複合施設。越生駅までの無料送迎バスも運行されている。

■問合せ先
越生町役場☎049・292・3121

■2万5000分ノ1地形図
越生

渡り、車道を南へ。梅園《うめぞの》神社をすぎれば**大高取山登山口**に着く。

道標にしたがい左の里道を行くと植林の尾根に登り着く。単調な尾根道だが、右に自然休養村センターへの道を分け、傾斜が増すと左にカーブする。山頂はじきだ。

北東が開けた三角点の**大高取山**頂上を越えると、西山高取《にしやまたかとり》からの道が合わさる大高取山の肩だ。ここから東へ木段を急下降した**幕岩**《まくいわ》からは東に展望が大きい。元の尾根へ登り返し、植林中を南へ進めば**桂木観音**《かつらぎかんのん》に着く。

山門下の車道を左に下り、二分する道を左へ。人家の手前で右の山道に入り、尾根に出たところが**虚空蔵尊分岐**《こくうぞうそん》だ。東へ尾根道を行き、道標を見逃さないよう下れば、**オーパークおごせ**が目前に現れる。入浴し、シャトルバスで越生駅へ戻ればよい。歩くと**越生駅**までは大高取山を見上げつつ、車道を40分ほどだ。

CHECK POINT

弘法山観世音は越生七福神のひとつで弁財天が祀られる。背後の弘法山は地元の人々に親しまれる小さな山だ

弘法山頂上には諏訪神社が祀られる。梅林が点在する越生の町並を見わたすことのできる山頂だ

弘法山を下ったら越生梅林を目指すが、道標はそここにある。梅林を前景にした大高取山を眺めて歩く

越生梅林を抜け出て越辺川沿いの車道に出ると、シダレウメがみごとな梅園神社が目の前だ

植林の尾根道を登り、左にカーブすると三角点の埋まる大高取山頂上に着く。植林中だが北東は開けている

大高取山の肩で西山高取からの道が合流。桂木観音は南の尾根道だが左前方に下れば展望よい幕岩に出る

元の尾根道に戻り南へたどると、行基菩薩創建と伝わる桂木観音に着く。石段を下り車道を左へ

虚空蔵分岐から尾根道を東へ。分岐の道標に注意して下れば目の前にオーパークおごせが現れる

丸山

県指定文化財の眺望を楽しみ、美形の石仏おわす寺へと縦走

日帰り

まるやま
960m

歩行時間=5時間
歩行距離=12・0km

技術度

体力度

コース定数	=22
標高差	=643m
累積標高差	↗889m ↘986m

いにしえの峠道から展望の山頂へ。季節感豊かな雑木林を楽しみ

丸山展望台から、両神山、八ヶ岳、秩父市街を眺める

石仏居並ぶ古刹へ下る――奥武蔵の魅力を満載したロングコースだ。

芦《あし》ヶ久保《くぼ》駅から石段を下り、国道を右へ。大野《おおの》峠・丸山への道標が立つところが**登山口**だ。車道を登って背後に両神山《りょうかみさん》を眺め、赤《あか》谷《や》集落から大野峠への峠道をとれば沢沿いとなる。木橋を3つ渡り、さらに渡り返した峠道は、杉林の尾根上をジグザグに登っていく。車道に出たところが**大野峠**だ。

車道を横切り、尾根道に入れば、パラグライダー発進地に着く。堂《どう》平《だいら》山《さん》、上越国境、赤城山《あかぎやま》、日光、筑波山《つくばさん》などの山々、スカイツリーと東京方面のビル群などの展望がみごとだ。木立の尾根道を西へ向かい、白石《しらいし》峠への道を右に分ける。電波塔下の丁字路を左折すれば、**丸山**山頂は目前だ。

コンクリートの展望台が立つ丸山は、名勝「外秩父丸山の眺望」と埼玉県文化財に指定されている。武甲山《ぶこうさん》、奥秩父、八《やつ》ヶ岳《たけ》、両神山、浅間山《あさまやま》、榛名山《はるなさん》、赤城山などの大パノラマが圧巻だ。

山頂からは北へ急な尾根を下り、登り返せば**県民の森分岐**に着く。左に芦ヶ久保駅方面への道を分け、右に下れば県民の森・森林学習展示館が建っている。建物の

慈母観音は乳房が黒光りするほどファンが多い

■鉄道・バス
往路=西武秩父線芦ヶ久保駅下車。
復路=金昌寺バス停から西武観光バスで西武秩父線西武秩父駅へ。

■マイカー
圏央道狭山日高ICから国道299号を約34キロ、50分で芦ヶ久保駅。駅前には有料駐車場があり、道の駅果樹公園あしがくぼの第二駐車場もある。下山後はバス・電車で芦ヶ久保駅に戻る。

■登山適期
通年。冬期はロングスパッツ、軽アイゼンがほしい。5月上旬、11月上旬がベスト。

■アドバイス
▽県民の森はトイレも含め12～2月は閉鎖される。
▽金昌寺への尾根道で分岐する芦ヶ久保駅への道は、本コースより長いので要注意だ。
▽金昌寺バス停近くに新木鉱泉旅館（☎0494・23・2641）があり入浴できる。

■問合せ先
横瀬町役場振興課☎0494・25・0114、西武観光バス☎0494・22・1635

■2万5000分ノ1地形図
正丸峠・安戸・皆野・秩父

左にのびるのが金《きん》昌《しょう》寺《じ》への道だ。雑木林の山腹道は、まもなく車道を横切る。

二分する道は直進する尾根道をとろう。穏やかな雑木林は四季の彩りにあふれている。やがて道は尾根を北にはずれ、芦ヶ久保駅と青少年野外センター(廃止)への道を次々左右に分ける。北面の植林帯から尾根に戻り、**真福寺《しんぷくじ》分岐**を左へ。

愛宕神社をすぎれば札所四番金昌寺はすぐ下だ。慈母観音に拝謁し、仁王門をくぐって車道に出れば、右へわずかで**金昌寺バス停**に着く。

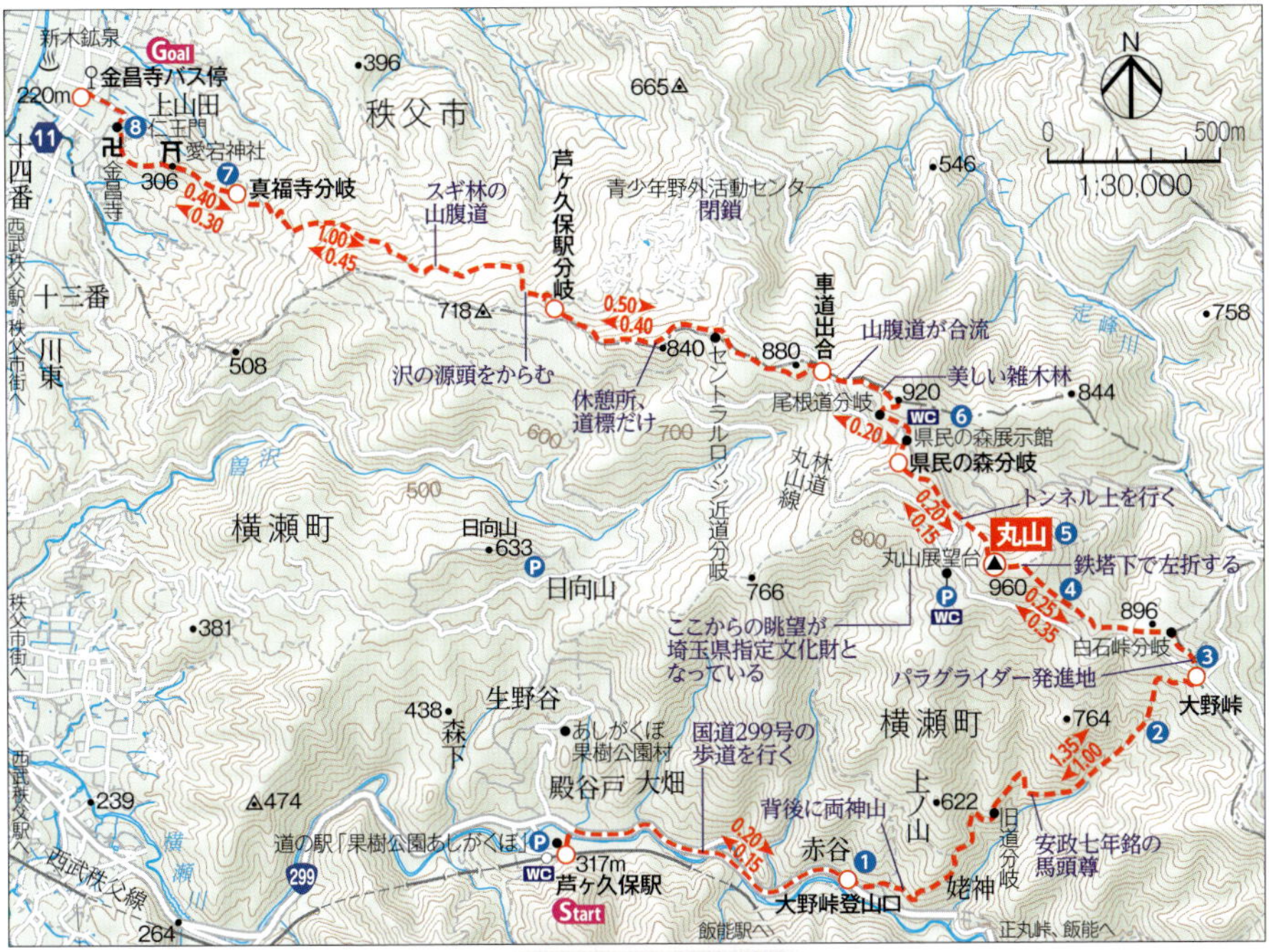

CHECK POINT

1 芦ヶ久保駅から国道を飯能方面へ歩くが、歩道があるので安心だ。大野峠登山口には道標が立っている

2 山腹を行く峠道は沢を渡って植林の尾根に取付く。かつて秩父と都幾川すじの村落を結んでいた道だ

3 登り着いたところが大野峠だが、車道の丁字路となっていて昔日の面影はない。車道を横切り尾根道へ

4 パラグライダー発進地をすぎると、季節感豊かな雑木林の美しい尾根道が緩く起伏する

5 丸山山頂はコンクリートの展望台が占拠する。無粋だが、登れば県指定文化財・名勝の眺望が待っている

6 県民の森・森林学習展示館の東側には緩やかな芝生の斜面が広がり、ここからの展望もすばらしい

7 真福寺への道は歩く人も少なく、道形はかすかだ。左に下る金昌寺への道は雑木林の斜面に明瞭に続く

8 金昌寺は曹洞宗の古刹で、境内に祀られる千三百余体の石仏で名高い。仁王門と大わらじも大きな特色だ

44

日向山

ひなたやま
633m

季節感豊かな雑木林の円頂をめぐるライトな駅前登山

日帰り

歩行時間＝2時間10分
歩行距離＝5・0km

技術度

体力度

コース定数＝10

標高差＝316m

累積標高差 ↗407m ↘407m

山の花道入口付近から果樹園農家と武甲山を振り返る

↑冬には芦ヶ久保駅から10分ほどのところに氷柱が造られる

←日向山を左に見上げて果樹園脇の道を行く

日向山は芦《あし》ヶ久《く》保《ぼ》の駅前に高まる雑木林の小さな山だ。南面には季節のフルーツ狩りで人気の果樹公園村が広がり、北東面には早春から初夏まで多くの花咲く「山の花道」が観光客を集める。山頂近くまでマイカーで行けるが、駅から歩けば何倍も楽しい。また、冬季（1～2月）には駅からウッドチップの遊歩道で「あしがくぼの氷柱」へ行くことができる。短時間の行程なので、冬ならぜひとも見物していきたい。

芦ヶ久保駅前の石段を下り、国道を左へ。茂林寺《もりんじ》前の細道を登ると農村公園駐車場で広い車道に合わさる。右にカーブする車道から左へ「農村公園」の道標で山道に入れば、赤いローラーすべり台のある**農村公園**に出る。背後に武甲《ぶこう》山《さん》が雄々しい。

トイレ前を沢沿いに登ると、道はか細くなるが、じき上の車道に出る。左折して右へ果樹園脇の道

■鉄道・バス
往路・復路＝西武秩父線芦ヶ久保駅を利用する。

■マイカー
圏央道狭山日高ICから県道347号、国道299号を約34キロ、45分で道の駅果樹公園あしがくぼ。登山の場合は西側の第二駐車場に停める。または芦ヶ久保駅前に有料駐車場がある。

■登山適期
通年。冬も積雪のあることは少ない。

■アドバイス
▽農村公園のローラーすべり台は無料で、尻に敷くマットもある。子供連れなら遊ぶ時間をみておいたほうがよい。
▽道の駅果樹公園あしがくぼ（☎0494・21・0299）には農産物直売所があり、弁当、おにぎりやまんじゅうなどを買える。食堂もあり、うどん、そばをはじめ、名物のみそポテトも美味。有料のシャワーは近年廃止された。

■問合せ先
横瀬町役場振興課☎0494・25・0114

■2万5000分ノ1地形図
正丸峠

へ。行く手に日向山が穏やかだ。車道を横切り「山の花道」の看板を見て木段を登ると尾根に出る。左へわずかで**日向山**頂上だ。雑木林の中に高さ1メートルの展望台がある山頂からは、南に武甲山から二子山《ふたごやま》の展望が広がり、足もとには芦ヶ久保駅が箱庭のようだ。

帰りは雑木林の尾根道を西へ。フェンス沿いの道は右に曲がり、丁字路を左折、木段道を下る。鹿柵を開閉し、**琴平《ことひら》神社**前で車道に出たら右前方の車道へ下る。舗装の丁字路を直進すれば「風の道コース」に入り、再び雑木林の尾根道となる。落ち葉散り敷く下り道は、小さな山のフィナーレを演出するようだ。道はか細いが、道標は要所に続き、木橋を渡ってわずかに登れば**芦ヶ久保大観音**の前に出る。駅や国道からも見えるが、目前で見上げると壮観だ。舗装路を足まかせに下れば**芦ヶ久保駅**に戻り着く。

CHECK POINT

農村公園駐車場をすぎ高原状の車道を行くと、道標があり、左に農村公園へ植林の山腹道が分かれる

農村公園には無料のローラー滑り台やターザンロープなどの遊具があり、武甲山が樹間に雄々しく高まる

荒廃した八坂神社から出た車道を左へ。すぐ右に果樹園脇の道に入れば行く手に日向山が近づいてくる

車道に出ると「山の花道」の看板が立つが、コースは直進。「山の花道」は右手から日向山北面に広がる

日向山頂上には高さ1メートルの展望台があり、東京スカイツリーと同じ634メートルになった。山頂は休憩によい

山頂から西へ向かう雑木林の道は日向山のハイライト。傾斜は緩く尾根は広がり季節の輝きに満ちた下りだ

琴平神社から南に下り舗装の丁字路を突っ切り尾根道を直進する。見上げればここにも武甲山

尾根末端から沢を渡り、登り返せば芦ヶ久保大観音に着く。最後の展望を楽しみ駅まで舗装道路を下る

45

日帰り

武川岳・二子山

展望と岩道を楽しむ起伏の激しい奥武蔵のロングコース

たけかわだけ　1052m
ふたごやま　883m

歩行時間＝5時間10分
歩行距離＝10・5㎞

技術度

体力度

コース定数＝**24**

標高差＝722m

累積標高差
1078m
1091m

武川岳から蕨山（右）、棒ノ折山（左奥）、大岳山（右奥）などを望む

武川岳は飯能《はんのう》市と横瀬《よこぜ》町の境界に穏やかな山容を立ち上げている。古くは根古岳《ねこだけ》、ホウキ平《だいら》とよばれていたが、武甲山《ぶこうさん》の「武」と山麓を流れる生川《うぶかわ》の「川」をとって山名となった。二子山は芦《あし》ヶ久《く》保《ぼ》駅から直接登ることができ、駅を起点に周回できる。群馬県境の二子山と区別するため「横瀬二子山」ともよばれている。

2山を結ぶ縦走路は、奥武蔵《おくむさし》では歩きでのあるコースだ。岩混じりの急な登降が多いが、随所での大展望とともに、コースの魅力ともなっている。下山地点が駅間近の道の駅であるのもうれしい。

名郷《なごう》バス停から西へ向かい、右へ民宿の看板を目印に登るが、**登山道入口**までがわかり難いので道標に注意したい。

杉林の登山道は山腹から尾根に出ると天狗岩の道標で男坂と女坂

焼山に立てば武甲山が目前に迫る

二子山へ向かい焼山をあとにする

■鉄道・バス
往路＝西武池袋線飯能駅から国際興業バス湯の沢・名郷行きに乗り、名郷バス停下車。
復路＝西武秩父線芦ヶ久保駅を利用。

■マイカー
縦走なのでマイカーは不向きだが、焼山までの往復なら双方から可能。名郷には駐車場（有料）とトイレがある。芦ヶ久保では、登山者の場合、道の駅果樹公園あしがくぼ西方の第二駐車場を利用する。

■登山適期
通年可能だが、12～3月にはヒザ位置の積雪があることも。

■アドバイス
▽名郷の登山道入口に民宿西山荘笑美亭（☎042・979・0164）があり、主人は山に詳しい。
▽岩場などの急な登降が多いが、落ち着いて行動すれば危険はない。
▽道の駅「果樹公園あしがくぼ」（☎0494・21・0299）は芦ヶ久保駅に隣接した道の駅で、地元食材満載の食堂、農産物直売所、自社加工食品販売のいわざくら館などがある。

■問合せ先
飯能市役所観光・エコツーリズム課☎042・973・2124、横瀬町役場振興課☎0494・25・0114、国際興業バス飯能営業所☎0

CHECK POINT

この石段が登山道入口だが、バス停からここまでは読図でわかりにくい。道標を見落とさぬよう注意したい

天狗岩の男坂は岩塊積み重なる急登だ。登りやすいところを選び上空が開けてくると岩上で女坂と合わさる

武川岳頂上は南が開けたカヤトだが、なだらかなので展望の迫力は少ない。西へ妻坂峠への道が下る

焼山、雄岳と越えると登山道は露岩が多くなり、雌岳へは岩場の登りが続く。雌岳からは北へ急下降だ

兵ノ沢に沿った道は倒木などがあり荒れ気味だが、明瞭に続く。右岸通しに下って右に尾根を越える

に**二分**する。左手の男坂は岩塊が積み重なるスリリングな道だ。樹林の女坂とは岩上で合流する。

木立の尾根道が傾斜を増し、**前武川岳**を越えると**武川岳**に着く。草原の平頂から南に展望が開け、目前の蕨山《わらびやま》や奥多摩の大岳山《おおだけさん》などの展望が広大だ。

北へ下り、**蔦岩山**《つたいわやま》から振り返れば、武川岳がどっしりと重厚だ。岩混じりの急な下降から林道を横断し、**焼山**《やけやま》に着けば、目前に武甲山が雄々しい。

ロープで急下降し、登り返した**二子山雄岳**の山頂手前からは武甲山や両神山《りょうかみさん》、秩父の町並みを見わたせる。またも岩場の急登で**雌岳**を越え、ロープで下ると道は左の沢沿いとなる。小尾根を越え、線路をトンネルでくぐるとそこは道の駅。**芦ヶ久保駅**はすぐ右上だ。

42・973・1161

●2万5000分ノ1地形図
原市場・正丸峠

46

樹相豊かな山稜に展望スポットと岩場が点在する静寂の山

大持山・小持山

おおもちやま　1294m
こもちやま　1273m

日帰り

歩行時間＝7時間30分
歩行距離＝15.0km

技術度 ■■□□□
体力度 ■■□□□

コース定数＝31
標高差＝964m
累積標高差 ↗1242m ↘1242m

矢岳への尾根から小持山（中央）と大持山（右）。左端は武甲山

大持山・小持山は武甲山《ぶこうさん》の南に目立たぬ峰頭を連ねている。植林の多い奥武蔵《おくむさし》にあって、雑木林やブナ林の美しさを堪能できる貴重な山並みだ。登山者は少ないが、道はおおむね明瞭で、随所で大展望と岩の感触も楽しめる。

名郷《なごう》バス停から車道を西へ。大場戸橋の手前を右折し、かつて集落のあった**山中《やまなか》**で左に横倉《よこくら》林道を分ければ、舗装路の終点が**妻坂《つまさか》峠登山口**だ。ここは沢の二又で、登山道は右又を渡り左又の植林中にのびる。上部二又を左にとれば、妻坂峠はじきだ。

石仏が置かれ生川《うぶかわ》への峠道が越える**妻坂峠**からは西へ。季節感豊かな雑木林の尾根道だが、なかなかの急登だ。尾根が右に曲がると傾斜は緩む。穏やかな起伏から露岩交じりの急登に息を切らせば**大持山の肩**に着く。稜線に出たところで、東に広がる大展望を眺める休憩適地だ。大持山と小持山へはここから往復することとなる。

北西へひと登りの**大持山**を越え、北に向かえば尾根はしだ

紅葉の山肌

■鉄道・バス
往路・復路＝西武池袋線飯能駅から国際興業バス約1時間で名郷下車。

■マイカー
圏央道狭山日高ICから県道347、70、53、73号を行き、大場戸橋から林道山中線へ。約33㌔、1時間15分。終点に数台の駐車場がある。

■登山適期
通年可能。5月上旬、10月下旬〜11月上旬がベスト。冬期ピッケルは不要だが、ロングスパッツ、アイゼンなどが必要。

■アドバイス
▽妻坂峠は鎌倉と秩父を結ぶ峠のひとつで、秩父の畠山重忠が鎌倉へ行く時には愛妻がこの峠まで見送りに来たとの伝説がある。
▽ウノタワにはかつて池があり、山の神の化身の鵜が住んでいたとの伝説がある。尾根上の窪みは池の跡とか。
▽バスは日帰り温泉さわらびの湯（☎042・979・1212）に寄る。

■問合せ先
飯能市観光・エコツーリズム推進課☎042・973・2124、横瀬町役場振興課☎0494・25・0114、国際興業バス飯能営業所☎042・973・1161

■2万5000分ノ1地形図
正丸峠・秩父・原市場

やせ、露岩が現れる。左手、枯れ木の奥は西に大展望の開ける**雨乞岩**だ。足もとの切れ落ちた岩上から、両神山《りょうかみさん》や浅間山《あさまやま》などの眺めを堪能しよう。

　小さな上下を繰り返し、登り着いた**小持山**からは無傷な武甲山を目前に仰ぐことができる。

大持山の肩に戻り、南への尾根を急下降。鞍部から緩く登り返せば横倉《よこくら》山《やま》で、道標はないが、ブナなどの樹相が豊富で、穏やかな起伏が好ましい。下り着いた鞍部が**ウノタワ**だ。鳥首《とりくび》峠へのびる尾根筋から左へはずれ、山中へと下る。道型はやや不明瞭だが、注意深く下れば水場のある沢に出る。左岸をなおも下り、二又から右岸へ。堰堤を越えれば**横倉林道終点**で、これを行くと**山中**で往路に合流する。

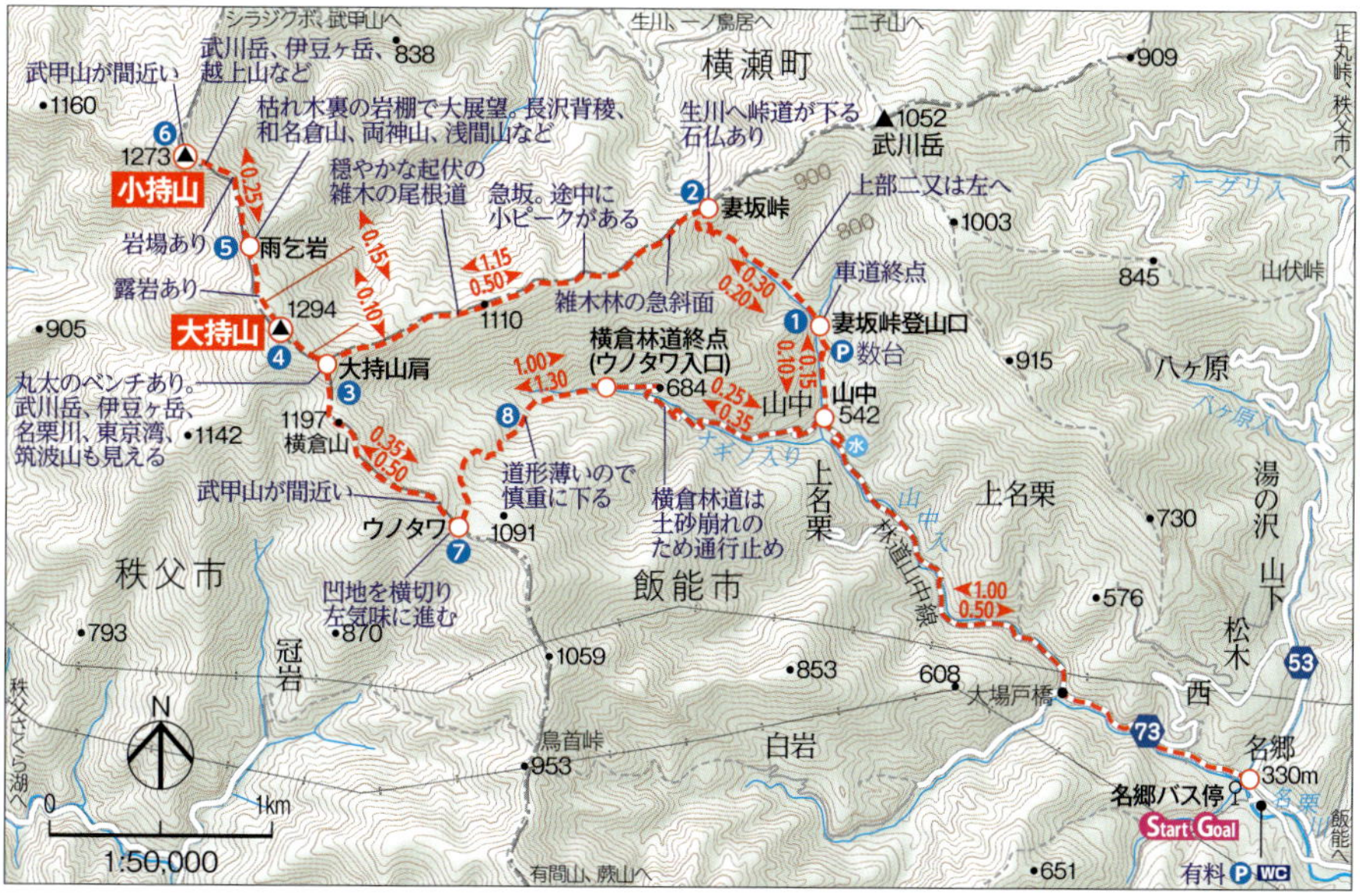

CHECK POINT

1 林道山中線の終点が妻坂峠登山口で数台の駐車スペースがある。沢の二又で堰堤のある右又を渡り左又に入る

2 畠山重忠の伝説が残る妻坂峠を越えれば、武甲山表参道のある生川だ。今に残る貴重な峠道といえる

3 長い樹林の尾根道を登りつめると明るく開けた大持山肩に出る。ベンチがあり東に大展望が広がる

4 大持山頂上は木立の中。樹間から都県境尾根を望める程度だ。小持山への道はここから露岩が多くなる

5 露岩の上下が多い道だが、尾根上の枯木に隠れるように雨乞岩がある。北西に広がる大展望を楽しもう

6 小持山も灌木の山頂だが、西端からは石灰岩採掘の無残な傷の見えない武甲山を望むことができる

7 大持山肩から下った鞍部がウノタワ。伝説のからむ凹地を横切り、左手寄りに尾根を越えて沢へと下る

8 水場の沢から狭い流水脇を左岸通しに下る。ザレ気味で道形は薄く傾斜が緩んでも林道まで気を抜けない

注：2025年2月現在、ウノタワ～山中間は登山道、横倉林道ともに通行止め。

伊豆ヶ岳より、川崎横浜方面のビルの向こうに東京湾が光る。その奥は房総半島

47 伊豆ヶ岳

樹相豊かで変化に富んだ、起伏も激しい奥武蔵随一の縦走路

いずがたけ
851m

日帰り

歩行時間＝5時間25分
歩行距離＝12.5km

技術度

体力度

コース定数＝**25**

標高差＝551m

累積標高差 ↗1051m ↘1166m

伊豆ヶ岳は奥武蔵《おくむさし》で人気の高い山だ。駅から直接登ることができ、スリリングなクサリ場と広大な展望、樹相豊かな尾根道と、魅力は多い。足腰の神様・子ノ権現《ねごんげん》まで縦走しよう。

正丸駅《しょうまる》から右へ斜めの石段を下り、ガードをくぐって大蔵山集落へ。**馬頭さま**から左へ沢沿いの登山道に入ると、右に名栗げんきプラザへの道を分ける。木の根が露出したすべりやすい泣き坂《なきざか》を急登し、支稜を西へ登れば**五輪山**《ごりんやま》に着く。南に伊豆ヶ岳北面の岩壁が目前だ。

高さ約50メートル、傾斜約40度の岩壁は男坂《おとこざか》とよばれ、クサリで登るスリルが楽しい。しかし落石や滑落の危険があり、「通行自粛」の掲示がされている。岩上からは北に丸山《まるやま》、榛名山《はるなさん》、上越国境方面の展望が大きい。続く樹林の岩稜を抜ければ、山頂はじきだ。一般的にはクサリ場の手前を右へ入り、迂回路を登って、岩稜先で男坂に合流する。

伊豆ヶ岳より東方を俯瞰する。中央奥は大高山、その右は天覚山

伊豆ヶ岳頂上は東面に開け、飯《はん》能《のう》方面の市街地、スカイツリー、東京湾や房総半島まで眺められる。南には奥多摩の大岳山《おおだけさん》が顕著だ。稜線を南に下り、登り返した**古御岳**《こみたけ》はあずまやが建つ雑木林の

■**鉄道・バス**
往路＝西武秩父線正丸駅で下車。
復路＝西武秩父線吾野駅で乗車。

■**マイカー**
圏央道狭山日高ICから国道299号を約26キロで正丸駅。正丸駅の有料駐車場に停めて、下山後に吾野駅から正丸駅へ西武秩父線で戻る。

■**登山適期**
通年。5月には岩場でアカヤシオを、11月には随所で紅葉を楽しめる。冬は軽アイゼン、ロングスパッツが必要。

■**アドバイス**
▽クサリ場は岩礫がクサリではじかれる落石が多い。ゴム引き軍手はクサリに有効だ。
▽縦走コースは長く、途中で下る道はあるが、下ってからの里道歩きが長いので注意したい。
▽浅見茶屋（☎042・978・0789）は昭和7年創業の茶店で、手打ちうどん、各種スイーツが豊富。

■**問合せ先**
飯能市観光・エコツーリズム推進課
☎042・973・2124

■**2万5000分ノ1地形図**
正丸峠・原市場

美しいピークだ。急下降ののち、ベンチのある**高畑山**《たかはたやま》をすぎ、中《なか》ノ沢《さわ》ノ頭《あたま》で尾根は左に曲がる。北面の巻道は露岩でのスリップに要注意だ。**天目指峠**《あまめざす》の車道を横切り、ピークをいくつか越えると、竹寺《たけでら》からの道が右側から合わさる。左に伊豆ヶ岳と古御岳を眺めれば子ノ権現は目前だ。

大きな鉄わらじが奉納される**子ノ権現**をあとに左へ石段を下り、車道を突っ切るように山道を下る。赤い降魔《こうま》橋を渡ると、古民家カフェの**浅見茶屋**《あさみ》だ。車道を下り、国道へ渡る橋の手前を右へ。線路を見下ろす道から、鉱山脇の車道に出て踏切を渡る。左へ線路をトンネルでくぐれば**吾野**《あがの》**駅**に着く。

CHECK POINT

正丸駅から大倉山集落へ行き、里道が正丸峠へ右に曲がるところが馬頭尊。左へ沢沿いの登山道に入る

沢沿いの道は右岸に渡ると木の根が露出した泣き坂の急登となる。登り出た尾根を右に行けば五輪山に着く

伊豆ヶ岳のシンボルとも言える約50㍍のクサリ場。死亡事故があったことから自粛となっている

春の伊豆ヶ岳頂上はヤマザクラとミツバツツジに彩られる。東に展望が開け、好天なら房総半島も見通せる

雑木林が美しい古御岳は登り下りとも急だ。伊豆ヶ岳との鞍部から西吾野駅へエスケープルートが下る

高畑山は植林の中にベンチの置かれる落ち着いたピーク。ここから子ノ権現まで激しい登降が続く

竹寺からの道を合わせると子ノ権現に着く。足腰の神様で大わらじが祀られ、鐘楼で鐘撞きができる

浅見茶屋は三代目（左端）が当主の家族的な古民家カフェ。木・金曜のみ営業。11時～売り切れしだい

注：高畑山と天目指峠の間で作業道がコースと交錯しているが、必ず登山道を行くこと。平坦な作業道を行くとコースを大きくはずれる恐れがある。

48

いにしえの峠道、静寂な山稜から展望広がる人気の山へ

有間山・蕨山

ありまやま　1213m
わらびやま　1044m

日帰り

歩行時間＝6時間50分
歩行距離＝13・5km

技術度
体力度

コース定数	＝**29**
標高差	＝883m
累積標高差	↗1167m ↘1167m

これからたどる有間山の稜線が近づく

有間山は奥武蔵《おくむさし》と秩父を分ける寂稜上に起伏するピークの総称で、最高点は中央部のタタラノ頭だ。蕨山はこの稜線から東へ派出し、名栗《なぐり》川と有間川を分ける尾根上にある、奥武蔵で人気の山だ。この2峰を結ぶと、ややハードなコースとなる。

名郷《なごう》バス停から車道を西へ行けば鉱業所跡の**鳥首峠《とりくび》登山口**に着く。右手から道標にしたがって鉱業所跡を抜け、白岩《しらいわ》の廃村を通る。沢沿いに植林帯を登ると**鳥首峠**だ。西へ、浦山《うらやま》への峠道が越える。

尾根上を南へひと登りの鉄塔下からは、伊豆《いず》ヶ岳や関八州見晴《かんはっしゅうみはらし》台《だい》などの展望が広がる。露岩交じりの急坂を登ると右手は伐採跡となり、蕎麦粒《そばつぶ》山《やま》方面を見わたせる。

三等三角点の埋まる**滝入《たきいり》ノ頭《あたま》**からは両神山《りょうかみさん》の展望がよい。しょうじくぼの頭をすぎ、小さな登降を繰り返せば**橋小屋《はしごや》ノ頭《あたま》**に着く。

←蕨山展望台より奥多摩の大岳山を望む

←鉄塔下から採掘場と伊豆ヶ岳、奥に関八州方面を望む。左は石灰岩の採掘場

■鉄道・バス
往路・復路＝西武池袋線飯能駅から、国際興業バス約1時間で名郷バス停。飯能から鳥首峠登山口までタクシーも利用できる。（国際興業バス飯能営業所☎042・973・1161、西武ハイヤー飯能営業所☎0570・07・8180）

■マイカー
圏央道狭山日高ICから国道299号、県道70号、53号で約30㌔。1時間で名郷。バス停付近には有料駐車場、トイレがある。

■登山適期
通年可能だが、冬はロングスパッツと軽アイゼンが必要。4月下旬～5月上旬の新緑、11月上旬の紅葉時がベスト。

■アドバイス
▽起伏が激しく行程も長いコースだが、明瞭なエスケープルートはない。
▽蕨山から藤棚山、大ヨケノ頭経由3時間で名栗湖に下り、さわらびの湯（☎042・979・1212）で汗を流すコースも人気。

■問合せ先
飯能市観光・エコツーリズム課☎042・973・2124

■2万5000分ノ1地形図
武蔵日原・原市場

左に蕨山への尾根が分かれるが、直進すると、防火帯の切り開かれた尾根上に小ピークが続く。6つ目のピークが疎林に囲まれた小平地のタタラノ頭、**有間山**山頂だ。

橋小屋ノ頭へ戻り、蕨山へ向かい急下降。傾斜が緩むとあずまやの建つ逆川《さかさがわ》乗越で、林道広《ひろ》河《が》原《わら》逆川線からの支線終点だ。緩く登る尾根道が傾斜を増すと左にベンチが現れる。右手の木立が蕨山最高点だが、何の特徴もない。名郷への下降路を左に分ければ、**蕨山展望台**に着く。「蕨山」の道標が立ち、北東面の展望が大きい。展望図盤のある山頂らしいピークだ。

帰路は名郷下降点まで戻り、北へ露岩の支稜を急下降する。やせ尾根の傾斜が緩めば、伊豆ヶ岳が間近だ。**支稜下降点**を右へ、植林の斜面を下れば林道に出る。これを下り、広い車道を左に行けば**名郷バス停**はもうじきだ。

CHECK POINT

1 車道終点は鉱業所跡で、道標にしたがって登山道に入る。しばらくは急な登りが続く

2 白岩の廃村を通って登り着いた鳥首峠は、名栗と浦山、飯能と秩父を結ぶ峠であった

3 滝入ノ頭には三角点と道標があり、現在地を確認できる。右手に有間山や都県境尾根、両神山などが広がる

4 蕨山への尾根が分かれる橋小屋ノ頭には「有間山」の道標が立つが、最高点はさらに南のタタラノ頭だ

5 橋小屋ノ頭から南に尾根を進み、6つ目のピークがタタラノ頭。疎林の中に三角点の埋まる静寂境だ

6 あずまやの立つ逆川乗越は林道支線の終点だ。石祠が祀られ秩父から名栗へ越える峠道のひとつだったのか

7 蕨山展望台は「蕨山」の道標、展望図盤のある山頂らしいピークだ。武甲山から奥武蔵の展望が大きい

8 名郷への下りは露岩の多い急な道。傾斜が緩むと植林の尾根で右に下る。奥の大岩まで行くと行きすぎだ

49

スリリングな渓谷沿いの道を登り、展望の山頂へ

棒ノ折山

ぼうのおれやま
969m

日帰り

歩行時間＝4時間30分
歩行距離＝8・5km

技術度

体力度

コース定数＝**21**	
標高差＝719m	
累積標高差	↗ 888m ↘ 888m

水量が多いとびしょ濡れになる

この沢最大の白孔雀ノ滝を見下ろす

棒ノ折山は東京都との都県境にあり、埼玉県側の白谷《しらや》沢道は険悪なムードの峡谷を行くユニークな登山道だ。次々に現れる滝の脇やゴルジュのただ中を登るスリルがたまらない。

山頂付近はかつて山村生活のための草刈り場であった。本来「ボウ」とは「茫」で「草ぼうぼう」の「ぼう」。そして山の高いところは「尾根」。だから「草刈をする山の高いところ」の意味で「ボウノオネ」とよんでいた。それが「ボーノオレ」となまって「棒ノ折」と書かれた。さらに発音は「ボーノーレ」から「ボーノレー」と変化し、それに「棒ノ嶺」と当てられたのが地形図にある山名だが、「ぼうのみね」と読まれるのが一般化している。しかし語源に最も近いのは「棒ノ折山」だろう。

ノーラ名栗・さわらびの湯バス停から車道を名栗《なぐり》湖へ登る。有間《ありま》ダム上で

■鉄道・バス
往路・復路＝西武池袋線飯能駅から国際興業バスでノーラ名栗・さわらびの湯下車。

■マイカー
圏央道狭山日高ICから県道28号、70号経由約25㌔、45分でさわらびの湯。無料駐車場、トイレがある。

■登山適期
通年可能だが、冬の白谷沢道は凍結で滑落の危険が高まる。低山だが、夏でも涼感満点。

■アドバイス
▽白谷沢道は大雨後には増水するので注意。
▽さわらびの湯（☎042・979・1212）は日帰り天然温泉で、BBQ、サウナ、グランピングなどを楽しめるリゾート施設のノーラ名栗（☎042・978・5522）が隣接する。

■問合せ先
飯能市観光・エコツーリズム課☎042・973・2124、国際興業バス飯能営業所☎042・973・1161

■2万5000分ノ1地形図
原市場

右岸に移り、白谷橋を渡ると**登山口**だ。左岸通しの道から優美な藤《ふじ》懸《かけ》ノ滝を見下ろすと、道は沢に下り、沢を渡りながらの遡行となる。左右の岩壁が迫った第一ゴルジュを抜け、天狗滝を左から越えれば第二ゴルジュだ。水際を行き、正面の岩壁を右へ石段で登れば、この沢最大の**白《しろ》孔雀《くじゃく》ノ滝**上に出る。

渓相が穏やかになると林道だ。これを突っ切り、左へ山腹道を登ると**岩茸石《いわたけいし》**に着く。南西へ木段まじりの急登で**権次入《ごんじり》峠**に着けば、そこは都県境尾根。西へわずかで**棒ノ折山**に登り着く。

あずまやが建つ山頂は広くなだらかで、周辺の草地はかつて一面カヤトの原だったことを彷彿とさせる。北面に大きく開け、武甲山《ぶこうさん》、伊豆《いず》ヶ岳《たけ》など奥武蔵の山々、榛名山《はるなさん》、赤城山《あかぎやま》、日光方面の山々も望まれる。

帰りは**岩茸石**まで戻り、直進して滝《たき》ノ平《ひら》尾根へ。林道を3回横切り、緩傾斜の植林となれば河又集落はじきだ。橋を渡り、左へ坂道を登れば**さわらびの湯**に着く。

CHECK POINT

1 白谷沢道登山口。左岸を高まく道が続くが左側は切れ落ちている。滑落しないよう慎重に足を運びたい

2 道が沢に下りると第一ゴルジュ。不気味な雰囲気だが滑落の危険はやわらぐ

3 天狗滝で第二ゴルジュを出たら、正面右手の岩壁をクサリ付きの石段で登る。これで白孔雀ノ滝上に出る

4 白孔雀ノ滝からなお沢沿いに登り、林道大名栗線に出てホッとひと息。林道を横切って直進する

5 山腹道から岩茸石で尾根に出る。権次入峠へは一直線の急登だ。帰りは岩茸石の左から滝ノ平尾根を下る

6 権次入峠は都県境尾根だ。棒ノ折山山頂は西へわずかで、東へは黒山から小沢峠への尾根がのびる

7 棒ノ折山頂上にはあずまやが建ち、北面に展望が開ける。南へ樹林中に川井駅への道が下っている

8 帰りの滝ノ平尾根は、植林が多く林道を横切りながらの道だが、急な部分もあり慎重に下りたい

50

展望絶無。読図トレーニングに特化した全山植林の尾根歩き

楢抜山・周助山

ならぬきやま　553m
しゅうずけやま　383m

日帰り

歩行時間＝4時間40分
歩行距離＝7・0km

技術度
体力度

道なし

コース定数＝18
標高差＝315m
累積標高差　↗666m　↘741m

尾須沢鍾乳洞の洞入口は３つある。中は不明だ

楢抜山を知る人はよほどの奥武蔵マニアだろう。この地区は、「江戸の西の川から来る材木だから西川材」と古くからよばれていた木材の産地らしく、本コースの全山が植林に覆われている。林業や送電線保守の踏跡は山中に多数あるが、登山道としての整備は皆無だ。展望もなく、登山としておもしろみに欠けるが、逆に考えれば読図トレーニングには最適といえる。地形図と磁石を駆使し、目標物を確認できない悪条件下でも正確な読図ができるよう挑戦したい。失敗しても命に関わることはないはずだ。

↑原市場中学バス停付近から周助山を見上げる
←楢抜山頂上だけ、わずかに棒ノ折山の展望が得られる

河又《かわまた》名栗《なぐり》湖《こ》入口バス停から名郷方面へ車道を行き、尾須沢《おすざわ》鍾乳洞への道に。よい道を登ると**鍾乳洞**の岩壁に突き当たる。岩壁の左端から山腹道に入るが、楢抜山へは地形を見定め、途中で右へ道のない急

■**鉄道・バス**
往路＝西武池袋線飯能駅から国際興業バス名郷・湯ノ沢行きで河又名栗湖入口下車。
復路＝原市場中学から同バスで飯能駅へ。

■**マイカー**
圏央道狭山日高ICから県道347、28、70、53号経由で約25㌔、45分で日帰り温泉さわらびの湯駐車場。帰りは前記バスに乗り、ノーラ名栗・さわらびの湯で下車すればよい。

■**登山適期**
通年。季節感は乏しい。冬はロングスパッツ、軽アイゼンを用意したい。

■**アドバイス**
▽目印テープが時折あるが、本コースのためとは限らない。読図で進路を決める。

▽マイカーなら日帰り温泉のさわらびの湯（☎042・979・1212）を利用したい。

■**問合せ先**
飯能市観光・エコツーリズム推進課☎042・973・2124（山麓情報のみ）、国際興業バス飯能営業所☎042・973・1161

■**2万5000分ノ1地形図**
原市場

斜面に取り付く。小尾根に出ると踏跡が現れ、楢抜山分岐の円頂に着く。目印があるが、読図にこだわるなら無視すればよい。南東へわずかで三角点のある**楢抜山**だ。

分岐に戻り、北へ尾根を下れば**仁田山《にたやま》峠**。車道対岸の尾根に入り、尾根通しに登れば47号鉄塔だ。これをくぐり、すぐ上の稜線を東へ。48号鉄塔を示す**黄柱標識**から南東へ下れば**車道**に出る。

今までの尾根の続きに踏跡を探し、曲折する尾根を東に向かえば「**登戸《のぼっと》**」の標識が現れる。なんの特徴もない植林の盛上りだ。東南へ下り、尾根の分岐を慎重に選び進めば、「**周助山**」の道標にホッとする。

東南へ下り、不明瞭な分岐を北東へ。山腹から尾根に出ると登りのための道標が現れる。下山路はその裏側だ。植林斜面を下れば、墓地下で里道となる。人家の背後から車道に出たところは周助山登山口。車道を南へ行き、信号の交差点を右折すると**原市場《はらいちば》中学バス停**だ。

CHECK POINT

鍾乳洞まではよい道で岩壁にクライマーを見かけるかも。西端から踏跡に入り、すぐ道のない尾根に取付く

踏跡から右への尾根に急登。下部に踏跡はないが登るにしたがって収斂し、わかりやすくなると尾根に出る

円頂の分岐から下り、登り返した楢抜山は樹林中に三角点が埋まる。唯一樹間から小展望のあるピークだ

車道の越える仁田山峠。車道対岸左寄りの尾根末端に尾根上への道がある。すぐの分岐は左の尾根へ

48号鉄塔への道を示す黄柱が立つ。コースは南東へ下るので、この矢印と踏跡に惑わされないよう注意

車道を横断して下るが、これまでの尾根がどう続いているかを現場と地形図で見定め、下り口を探す

上下屈曲を繰り返す植林の尾根に「登戸」のりっぱな標識が現れホッとする。だがこの先も読図オンリーだ

周助山も似たような植林の鈍頂だ。ここからの下りは踏跡が多く分かれ、デリケートな読図力を要求される

51

駅から駅へ急な登降が連なる静かな植林の尾根道を行く

大高山・天覚山

おおたかやま　493m
てんかくさん　446m

日帰り

歩行時間＝3時間55分
歩行距離＝6・5㎞

技術度
体力度

コース定数＝15
標高差＝308m
累積標高差　541m　598m

天覚山で東方が開け、飯能市街地や東京のビル群を見渡せる

奥武蔵の山は江戸時代から「西《にし》川材《かわざい》」とよばれるスギやヒノキの良材を産出していた。今でも秩父へ向かう西武線からは冬なお緑濃い植林の山肌が車窓に迫る。大高山から天覚山への尾根筋もそのひとつ。季節感や展望は豊かではないが、静けさに包まれた尾根道は、夏でも涼しい山歩きを楽しめる。

巻道が多いがピークにこだわるのもよい

柏木山から望む天覚山は意外な鋭鋒だ

吾野駅《あがの》から西へ。すぐ右の階段を下り、トンネルをくぐって線路の南側へ出る。車道を左に行き、右手の墓地に向かうと、左が大高山登山口だ。崩壊気味の急登だが、じきに傾斜は緩み、広い尾根上の登りとなる。植林の尾根を縫うように登り、山腹道となれば**前坂**《まえさか》だ。前坂は中藤《なかとう》への道が越える峠で、西は子《ね》ノ権現《ごんげん》へと尾根が続く。大高山へはヒノキの大木が並ぶ東の尾根を行く。林道を横切って小ピークを越え、巻道を分けて尾根上を行けば木の根や露岩の急登となり、**大高山**に登り着く。

■鉄道・バス
往路＝西武池袋線吾野駅下車。復路＝西武池袋線東吾野駅を利用。

■マイカー
圏央道狭山日高ICから県道347号、国道299号で約20キロ、35分で吾野駅。法光寺下の旧国道沿いにコインパーキングがあり、帰りは電車に一駅乗って周回する。

■登山適期
通年可能。季節感には乏しいが、夏でも風が通るので意外に涼しい。冬はロングスパッツ、軽アイゼンを用意すること。

■アドバイス
▽両駅周辺に売店、食堂は乏しい。
▽地元ボランティアにより登山道、道標は整備されているが、植林など仕事道の分岐が多い。樹林中で展望もないので、地形図と磁石で現在地を確認しながら歩くこと。
▽両峯神社跡から分かれる沢筋コースの所要時間は尾根道コースとほぼ同じ。

■問合せ先
飯能市観光・エコツーリズム課☎042・973・2124

■2万5000分ノ1地形図
原市場・飯能

奥多摩方面がわずかに開ける山頂から、東へ立木頼りに急下降すれば、尾根は南に曲がり、**大岩**に突き当たる。この手前を左へ下るのが天覚山への道だ。植林の尾根道は東へ屈曲し、岩まじりのピークをいくつも越える。やせ尾根の丁字路を左に行けば、左に帰路の両峯神社跡の広場を見る。右手山腹から巻き登ると、三角点が埋まる**天覚山**頂上だ。山頂は植林中だが、東南が開けて、飯能《はんのう》市街地や東京のビル群などを見わたせる。

両峯神社跡へ戻り、尾根道コースを下ろう。北へ下る尾根道は急で段差は大きく、植林中に続く。道は東への尾根へと曲り、送電線をくぐるが、とても急だ。

作業道に出ると、まもなく林道で、沢筋コースに合流。住宅街を左折。吾野原木センターを右折して踏切を渡れば、**東吾野駅**はすぐ左だ。

CHECK POINT

1 吾野駅西側のトンネルで線路をくぐり、左へ進んだ墓地の左手、墓苑休憩所の前が登山口だ

2 植林の山腹道を登ると小尾根を越えて稜線の前坂に着く。中藤へ越える峠で、西への尾根は子ノ権現へ

3 大高山への尾根道はやせて露出した木の根や岩場も現れる。巻道もあるが、尾根上を直登したい

4 石標の立つ大高山は樹林の中だが、南にわずか開け大岳山をはじめ奥多摩の山々が意外に近く見える

5 大高山から急下降し尾根が南に曲がると大岩に突き当たる。天覚山への道はこの手前を左へ折れる

6 樹林中に小さな上下屈曲を繰り返し天覚山に登り着く。三角点の埋まる山頂は東面の展望が開ける

7 両峯神社跡で沢筋コースと分かれ尾根道コースを下る。急な下りが続く

8 林道で沢筋コースに合わさるとまもなく住宅街に出る。吾野原木センターから踏切を渡れば駅はじきだ

52

関八州見晴台

由緒ある古刹と展望の山頂をめぐる静寂の道

かんはっしゅうみはらしだい
760m

日帰り

歩行時間＝4時間50分
歩行距離＝10.5km

技術度
体力度

コース定数	＝**20**
標高差	＝515m
累積標高差	↗794m ↘794m

関八州見晴台より、武甲山（左）、両神山（右奥）を望む

大イチョウは乳イチョウともよばれ、安産、子育てに霊験あるそう

武蔵《むさし》の高幡不動尊《たかはたふどうそん》、下総《しもうさ》の成田《なりた》不動尊とともに関東の三不動とよばれる高山《たかやま》不動尊は、山奥に巨大な堂宇を誇る真言宗の古刹。その奥の院が関八州見晴台だ。奥武蔵の中央部、高麗《こま》川と越辺《おっぺ》川を分ける尾根上のピークで、展望はすばらしい。相模《さがみ》、武蔵《むさし》、安房《あわ》、上総《かずさ》、下総、常陸《ひたち》、上野《こうづけ》、下野《しもつけ》の八州を見晴らせるかどうか、確かめにいこう。

西吾野駅《にしあがのえき》から北川《きたがわ》沿いの車道を北へ。右にパノラマコースを分け、住宅街への橋を渡るところが**登山口**だ。急坂を登り、最奥の民家脇から左に入れば、竹林を抜けて植林の尾根道となる。

萩《はぎ》ノ平《だいら》茶屋跡をすぎると、石仏のたたずむパノラマコース合流点だ。山腹道から尾根に出て、関八州見晴台への直登コースを左に分けると**高山不動尊**に着く。荘厳さに圧倒される堂宇は、車道などない時代、山中にかくも巨大な建物をと

■鉄道・バス

往路・復路＝西武秩父線西吾野駅を利用。

■マイカー

圏央道狭山日高ICから国道299号を行き、西吾野駅まで約24キロ、40分。西吾野駅付近に駐車場はないが、パノラマコース入口先に有料駐車場がある。飯能市内東飯能駅付近の有料駐車場に停め、電車を利用すれば安心。

■登山適期

通年可能。好展望の冬は、雪は少ないが、ロングスパッツ、軽アイゼンは用意したい。

■アドバイス

▽パノラマコースは、作業道から急な尾根を登る静かな道だ。

▽下山地点には休暇村奥武蔵（☎042・978・2888）があり、入浴、食事ができる。利用客は西武池袋線吾野駅への無料の送迎バスに乗車できる。以前は奥武蔵あじさい館という名称だったので、道標には旧称が残っていることがある。

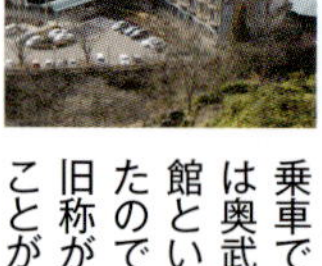

■問合せ先

飯能市観光・エコツーリズム課☎042・973・2124

■2万5000分ノ1地形図

正丸峠・原市場

驚くほどだ。

　あずまやから北へ登れば車道を横切る。茶店跡の建物先で左の尾根道に入り、もう1本車道を横切ると背後が開けてくる。登り着いた**関八州見晴台**は中央にお堂があり、富士山、奥武蔵、奥多摩、両神山《りょうかみさん》、関東平野などの展望がすばらしい。

　往路を戻り、南へ下る車道から右に入ると、先ほどの**不動尊**前に出る。石段を下り、正面の大イチョウを見上げれば、乳房を想わす多数の気根が圧巻だ。

　帰りは左へ出て車道を登り、右へ志田《しだ》・大窪《おおくぼ》への樹林の尾根道に入る。南へ下る道は左に八《やつ》徳《とこ》集落への道を分け、「志田近道」へ。山腹から沢沿いとなると志田の一軒家で、すぐ先で右に**わたど橋**を渡る。山腹道を進むと大窪集落だ。車道を横切って民家脇の峠道を行き、大窪峠を越えると休暇村が眼下に近い。

　国道を右に行けば**西吾野駅**に戻り着く。

CHECK POINT

1 北川沿いの車道から右の住宅街へ。橋を渡り急坂を登って最上部の人家前で左に入れば登山道となる

2 植林の尾根道を登ると左に関八州見晴台へ直接登る道が分かれるが、右手の高山不動尊でひと息入れよう

3 高山不動尊の堂宇はこの山中によくぞと驚く壮大さ。あずまや、トイレがあるので小休止によい場所だ

4 車道を2本横切って着いた関八州見晴台は、高山不動尊の奥の院が祀られる。大展望に期待しよう

5 高山不動尊に戻り大イチョウ下を左に。車道を左に登って右へ「吾野駅」を示す道標で樹林の尾根道を下る

6 一軒家の前を直進するのは吾野駅への道。右にわたど橋を渡り、静寂な山腹道を大窪集落へ向かう

7 大窪集落で車道を横切る。大窪峠へは民家の敷地に入らせてもらい、建物手前を左折すれば峠道となる

8 植林の山腹道を登れば岩間の大窪峠を越える。樹林の峠道が明るく開けると休暇村奥武蔵は目前だ

53

山上の桃源郷を通り歴史の薫りただよう尾根道へ

越上山・顔振峠

おがみやま　566m
かあぶりとうげ　505m

日帰り

歩行時間＝5時間55分
歩行距離＝13・0km

技術度

体力度

コース定数	＝25
標高差	＝436m
累積標高差	↗987m ↘987m

桃源郷といいたいユガテの春は花盛り

飯能《はんのう》市と越生《おごせ》町を分ける尾根筋には稜線近くまで集落が点在し、かつて人々は尾根道、峠道を生活路としていた。山にまつわる伝説や、寺社など信仰対象ができたのは自然な流れだろう。いにしえに想いを馳せつつ、時折現れる山々の展望を楽しみたい。

東吾野《ひがしあがの》駅前の国道を西へ。自販機の角を右折して車道を行けば、国指定重文の阿弥陀堂で知られる福徳寺《ふくとくじ》に着く。「古道飛脚道」の入口で、お堂の右奥が登山口だ。尾根上で吾那《あがな》神社からの道を合わせた植林の道は、好展望の**橋本山《はしもとやま》**に出る。武甲山《ぶこうさん》から川苔山《かわのりやま》への起伏が広大だ。尾根道は作業道となり、やがて**ユガテ**の集落に入る。

山上の桃源郷といえるユガテから背後の林道に出て左の山道へ。林道を横切り、**エビガ坂**で稜線に出たら、スカリ山へ寄り道しよう。東へ進み鎌北湖への道を分け尾根上を直進。2つ目のピークが**スカリ山**で、北面の大展望が新鮮だ。

エビガ坂へ戻り、西に進む尾根道は車道に出るが、すぐ先の**十二《じゅうに》曲《まが》り**で再び尾根道へ。岩稜上で越上山を行く手に眺め、鼻曲山《はなまがりやま》へ

■鉄道・バス
往路＝西武池袋線東吾野駅下車。
復路＝黒山より川越観光バス約30分で東武越生線、JR八高線越生駅へ。

■マイカー
圏央道狭山日高ICから県道347号を約10分の東飯能駅付近に駐車。行きは西武線、帰りは八高線を利用する。

■登山適期
通年可能。冬の雪は少ない。

■アドバイス
▽ユガテへは虎秀入沿いの道が知られているが、車道歩きがやや長い。
▽スカリ山へは未整備で崩壊もある。
▽黒山バス停付近に商店、飲食店は少ない。

役ノ行者像

▽黒山から越生駅へのバスはニューサンピア埼玉おごせ（☎049・292・6111）に寄るので入浴可能。

■問合せ先
飯能市観光・エコツーリズム課☎042・973・2124、越生町役場産業観光課☎049・292・3121、川越観光自動車☎0493・56・2001

■2万5000分ノ1地形図
飯能・越生・正丸峠

の道を分けて林道を横断。杉木立の山腹道を行けば越上山分岐だ。右に鋭角的に曲がり、岩道をわずかで、木立に囲まれた**越上山**に着く。

元の道に戻れば諏訪神社は間近で、社殿の左に道が続く。車道に出ると茶店のある**顔振峠**《かあぶり》はじきだ。茶店の裏から展望台に登れば、北東面が大きく開ける。

しばし車道を西へ行き、傘杉峠《かさすぎ》への**尾根に入る**が、すぐにこれと分かれ、役ノ行者へ下る道へ。山腹道が尾根に戻ると、背後に**役ノ行者**が祀られている。尾根道を下り傘杉峠からの道に合わされば、**黒山三滝**はじきだ。滝見物をしたら舗装路を**黒山バス停**へ向かう。

CHECK POINT

ユガテへの伝統的なコースは虎秀川沿いの車道だが、途中の福徳寺から近年整備された飛脚道に入る

福徳寺に入るとトイレもあり、その奥から「古道飛脚道」の道標にしたがい樹林の尾根道に入る

尾根道を北へ進むと好展望の橋本山に出る。武甲山、大持山・小持山、蕎麦粒山、大高山などを見わたす

ユガテから背後の尾根を登り、着いた稜線がエビガ坂。コースは左だが、右のスカリ山に寄り道したい

スカリ山へは整備された登山道ではないが尾根上を行けば登り着く。北面の大展望はコース一番だ

エビガ坂から車道をからむ尾根道を行き、分岐から右に入ると越上山。樹林で展望はないが岩峰だ

車道を行き南に開けたところが顔振峠。茶屋がありマイカー客も多い。吾野から黒山へ峠道が越えている

フィナーレは黒山三滝。雄滝・雌滝、天狗滝を見物したら黒山バス停へ向かうが、商店も自販機もない

54

人里近くの滝から一等三角点の山頂、季節感豊かな湖を周回する

物見山・鎌北湖

ものみやま 375m
かまきたこ 175m

日帰り

歩行時間＝3時間10分
歩行距離＝7・5㎞

技術度 1/5
体力度 1/5

コース定数＝14
標高差＝240m
累積標高差 ↗568m ↘568m

物見山は尾根続きの日和田山《ひわださん》から縦走する人の多い山だ。そのコースは南面基調だが、北麓にはパワースポットの滝や、季節感豊かな湖水が隠れている。宿谷《しゅくや》の滝を起点に物見山に登り、北向地蔵《きたむきじぞう》から鎌北《かまきた》湖に下ろう。

宿谷の滝へはマイカーが便利だ。県道30号バイパスから「高麗《こま》川《がわ》カントリークラブ」の看板を西に入る。同ゴルフ場入口の前を通り、次の丁字路を左折すれば**宿谷の滝駐車場**だ。武甲鉱業のベルトコンベアをくぐり、沢沿いの遊歩道を行けば**宿谷の滝**に着く。落差12メートルの滝は修験道の行場だったといわれ、周囲に石仏が祀られて霊気あふれる雰囲気だ。

右から滝上に出て鎌北湖からの道を合わせ、沢沿いに行く。二又から中尾根を登ると露岩のやせ尾

宿谷の滝は高さ12メートル。修験道の行場だったといわれる

駒高からは奥多摩の大岳山（左）、御前山（右）などの展望が広がる

■鉄道・バス
往路・復路＝JR八高線毛呂駅または東武越生線東毛呂駅からタクシー10〜15分で宿谷の滝駐車場（飛鳥共同無線配車センター☎0570・075・770）。

■マイカー
関越自動車道坂戸西スマートICから県道39号、114号、30号を走り、本文紹介の経路で宿谷の滝駐車場へ。インターから約13キロ、25分。

■登山適期
通年可能。4〜5月のサクラとツツジ、10〜11月の紅葉時がベスト。冬は都内で降雪があれば、積雪少々。

■アドバイス
▽駒高には茶店のふじみや（☎042・982・0455）があり、飲み物、カップ麺などを販売。舗装路をさらに進むと高指山で、山道を下って登り返せば日和田山まで30分ほどだ。55日和田山・巾着田のコースと結ぶのもよい。
▽北向地蔵は野州岩船地蔵の分身として祀られ、男女の縁結びに霊験ありといわれる。
▽鎌北湖は昭和10年に造られた灌漑池で、春秋は華やかだ

■問合せ先
毛呂山町産業振興課☎049・295・2112

■2万5000分ノ1地形図
飯能

根となり、車道を横切れば稜線の**ヤセオネ峠**に着く。左へひと登りで**物見山**だ。一等三角点は標識の立つ山頂から北東の樹林中にある。山頂から南東への尾根を下れば、あずまや、トイレ、茶店のある**駒高**《こまたか》集落で、奥多摩方面の展望が広がる。

　物見山に登り返し、山頂手前で左の巻道に入れば**ヤセオネ峠**。杉木立の平坦な尾根道を行き、左に野菜スタンドを見ると道は広くなる。山腹を下る道は車道をクランク形に横切り、雑木林の尾根を行けば**北向地蔵**が祀られる。

　北へ下る道は東山腹を行き、鋭角的に右折すると東に町並みが広がる。車道との十字路を直進し、すぐ左に下るのが鎌北湖への道で、ホテル跡に出ればもう湖畔だ。

　ボートや釣り客でにぎわう**鎌北湖**から宿谷の滝へは、右手駐車場奥から木段を登る。遊歩道が整備された四季彩の丘公園を通り、植林の尾根を越え出た車道を右へ。道標にしたがい左へ木段を下れば往路に合流する。

CHECK POINT

宿谷の滝駐車場は頭上の武甲鉱業ベルトコンベヤーに驚くが、滝へは整備された遊歩道が気持ちよく続く

滝上からの沢沿い道は二又で中間尾根に取付く。しだいに急になり上部は露岩も現れる雰囲気よい登りだ

車道を横断するとすぐ稜線のヤセオネ峠に出る。まずは一等三角点の物見山へと東に尾根をたどる

物見山はその名に反して何も見えない植林中だ。展望を求めて駒高へ下って休憩し、登り返そう

駒高にはあずまやとトイレがあり、南に展望が大きい。休憩後は戻って左の巻道でヤセオネ峠に出る

尾根道は野菜スタンドから広くなり、車道に出る。左からクランク形に横切り、続く尾根道を行く

北向地蔵は野州岩船地蔵の分身で、そちらを向いているので「北向」といわれる。鎌北湖へは広い道だ

鎌北湖は春の桜、秋の紅葉時にはボート遊びなどの観光客でにぎわう。駐車場奥に四季彩の丘公園もある

55

岩場のスリルと展望、豊かな季節感を短時間で楽しむ

日和田山・巾着田

ひわださん 305m
きんちゃくだ

日帰り

歩行時間＝2時間40分
歩行距離＝6・0㎞

技術度
体力度

コース定数＝9
標高差＝191m
累積標高差 251m 251m

4月上旬の巾着田は、サクラと菜の花を前景にした日和田山がすばらしい

巾着田のマンジュシャゲは9月下旬が見ごろ

金刀比羅神社からは巾着田が巾着形に見下ろせる

西武池袋線の高麗《こま》駅ホームから、北に山頂少し下に露岩の目立つ山がそびえる。日和田山で、露岩は金刀比羅神社の台地だ。その下にはスリリングな岩場歩きが隠れている。山麓にはマンジュシャゲで全国的に名高い巾着田が広がり、四季折々の表情が豊かだ。短時間で変化にあふれ、子連れでも存分に楽しめる山だ。

高麗駅前を左に進み、踏切を渡って国道を横断。台《だい》の高札場《こうさつば》跡を右に入り、県道を右へ。鹿台《ろくだい》橋を渡り、**高麗本郷《ほんごう》信号**を左へ。さらに左折すると**日和田山登山口**だ。

木立の登山道は尾根に出ると鳥居が立ち道は二分する。右の女坂と分かれ、左の男坂へ。手水場の先で右に岩道を急登。木の根が露出した

■鉄道・バス
往路・復路＝西武池袋線高麗駅を利用する。

■マイカー
圏央道狭山日高ICから県道262、30、15号を約9㌔、20分で日和田山登山口。登山口と巾着田に有料駐車場、登山口上にトイレあり。

■登山適期
通年可能。4月のサクラと菜の花、9月のマンジュシャゲとコスモスの時季がベスト。

■アドバイス
▽男坂は子供の喜ぶ岩場が続くが、離れぬよう注意。
▽日和田山頂上から物見山へ縦走し、小瀬名集落から武蔵横手駅へ下るコースも人気。山頂から約2時間。
▽高麗郷古民家（☎042・989・2111／日高市産業振興課）、高麗郷民俗資料館（☎042・985・7383・見学無料）はこの地の歴史を感じる興味深いスポットだ。
▽ファミリーなら巾着田での水遊びもよい。
▽駅近くにある手打ちうどんのしょうへい（☎042・982・0071）で空腹を満たせる。

■問合せ先
日高市観光協会☎042・989・2111

■2万5000分ノ1地形図
飯能

先は樹林の中ながらスリリングな岩場となり、露岩の感触が楽しい。

空が開けると**金刀比羅《ことひら》神社**の台地に躍り出る。鳥居越しに見下ろす巾着田はその名のとおり巾着形で、富士山や丹沢、奥多摩の山々のパノラマにひたろう。

社殿の裏に露岩の道は続き、Y字路を右に登れば**日和田山**頂上だ。ベンチが置かれ、宝篋印塔の立つ山頂は、東に展望が開ける。

西へ岩道を下り、物見山への道と分かれ、左の日向《ひなた》方向へ。富士見岩を右から巻き下り、雑木林の尾根道を左にはずれる。クライマーでにぎわう岩壁を見上げて沢沿いに下れば、日向集落の**自治会館**前で車道に出る。この車道を左に行けば県道に出て往路の**高麗本郷信号**で県道を東へ。左に豪壮な高麗郷古民家を眺めると、遊歩道で左から天神橋をくぐる。

抜け出たところが巾着田だが、左へ、あいあい橋を渡り、**高麗郷民俗資料館**に寄り道したい。あとは、四季の彩り豊かな巾着田と日和田山を眺め、高麗川沿いに湾曲する遊歩道を行けば**高麗本郷信号**に戻り着く。

CHECK POINT

1 高麗駅前には韓国版道祖神のチャンスンが建ち、大陸からの教示が多かったこの地の来歴を物語る

2 日和田山登山口から尾根上の鳥居までは斜面を直登したり、右から緩く巻き登る道などがあり気分で選べる

3 手水場の先から右に登る男坂は、岩場が連続するスリル満点の道で、好展望の金刀比羅神社に躍り出る

4 日和田山頂上には宝篋印塔が立ち、東に展望が開ける。狭いが、登山者でにぎわっており大休止には不適だ

5 「チャートの小径」の道標で尾根をはずれると、クライマーでにぎわう男岩・女岩を見上げ沢沿い道を下る

6 県道に面した高麗郷古民家は巾着田からも気になる豪壮な建物だ。国登録有形文化財で見学・利用もできる

7 県道から遊歩道を左に下り、橋をくぐって巾着田に入る。巾着形の流れに沿って進めば往路に戻り着く

8 左へ寄り道し、あいあい橋を渡ると高麗郷民俗資料館がある。郷愁を誘う数々の展示品が魅力的だ

56

北欧ムードのテーマパークをめぐる、湖と草原の丘陵歩き

メッツァ外周コース

めっつぁがいしゅうこーす

177m（高麗峠）

日帰り

歩行時間＝2時間10分
歩行距離＝6・7㎞

技術度
体力度

奥武蔵《おくむさし》の玄関口・飯能《はんのう》の街並み北方に湖面を輝かす宮沢《みやざわ》湖。

湖岸のメルヘンチックな建物の上に、大岳山や御前山が頭を出す

コース定数＝**9**	
標高差＝43m	
累積標高差	↗272m ↘272m

2019年春、その湖岸に北欧ムードあふれるムーミン・テーマパークの「メッツァ」ができた。無料ゾーンの「メッツァビレッジ」と有料ゾーンの「ムーミンバレーパーク」からなり、レストラン、マーケット、各種アトラクションや体感展示施設が充実し、バス便も激増している。一周できた湖岸の道は通れなくなったが、これまで本書で「宮沢湖外周コース」としていた道が、いっそうの華やかさを増して楽しめるようになった。

メッツァバス停からエントランスロードを下り、湖畔を右へ。ウーテビルスゲートから堰堤上に出れば、湖面奥にメルヘンチックな有料ゾーンの建物が並び、背後の山稜から大岳山《おおだけさん》や御前山《ごぜんやま》が頭を出す。湖岸沿いに行き**高麗《こま》峠入口**から右手の山道へ。直進する湖岸沿いの道は入れない。

フェンス沿いの道を行き、**里道を左折**。**聖天院《しょうてんいん》への道を分け**、ゴルフ場を左右に眺め、右に巾着田《きんちゃくだ》からの道を合わせれば**高麗峠**だ。続いて、萩《はぎ》の峰《みね》で富士山を望むと**ほほえみの丘**は近い。木陰にベンチのある広い草原でゆっくりと休もう。落葉期には多峯主山《とうのすやま》が望める。

天覧山《てんらんざん》への道を分け、**市街地分岐**を左折すれば樹林の山腹道となる。**飯能駅分岐**、加治神社分岐、桜の森分岐をすぎて下り、Y字路を左へ。「直進　宮沢湖」の道標が立つ湖岸分岐を左へ行けば、宮沢湖岸に出る。そこは**有料ゾーン入口**で、静謐の世界からいきなり躍り出た一大観光地だ。自らも観光客の一員となって有料ゾーンを楽しむのもよいだろう。無料ゾーンのショップを眺めて進めば往路に戻り着く。

ランチタイムに最適なほほえみの丘

人気のジップラインアドベンチャー

■鉄道・バス
往路・復路＝西武池袋線飯能駅、JR八高線東飯能駅から国際興業バス10分のメッツァバス停が起・終点。
■マイカー
圏央道狭山日高ICから県道347号などを経由して約7㌔、15分でメッツァ。入口に有料駐車場があり、平日は2時間まで無料。

CHECK POINT

1

堰堤上は明るく開けた遊歩道で休憩用のチェアもある

2

ゴルフ場の飛球避けアーチフェンスをいくつかくぐる

3

ベンチの置かれた高麗峠では巾着田への道が分かれる

4

行楽客でにぎわうムーミンバレーパークの前に出る

5

無料ゾーンのイベント広場は遊び放題

■登山適期

通年。サクラの4月上旬、新緑の4月下旬、紅葉の11月下旬がベスト。

■アドバイス

▽メッツァの営業時間は10～17時で、時間外は堰堤へ出るウーテピルスゲートは閉鎖される。

▽バスの本数は多いが、土・日曜、祝日は道路渋滞で時間がかかることもある。飯能駅から歩く場合は、駅から北へ直進する車道を進み、踏切、バイパスを横切り、「中山」信号を直進して住宅街に入れば、樹林中の木段となって「飯能駅分岐」へ30分で着く。

▽飯能駅に近い飯能銀座商店街にある英国屋や伊勢屋（136ページ参照）で、地元ならではの美味しい昼食を買える。

▽メッツァバス停から5分に、日帰り専門の宮沢湖温泉・喜楽里別邸（☎042・983・4126）がある（宮沢湖温泉～飯能駅間のイーグルバスは2025年3月に廃止予定）。

■問合せ先

飯能市観光・エコツーリズム課☎042・973・2124、メッツァ☎0570・03・1066、国際興業バス飯能営業所☎042・973・1161、イーグルバス☎049・233・3711

■2万5千分ノ1地形図

飯能

足もとに広がる狭山茶の茶畑はここならではの風景だ

57 加治丘陵

穏やかな樹下道と大展望。子供が大喜びのスポットもいっぱい

かじきゅうりょう
190m（桜山展望台）

日帰り

歩行時間＝2時間10分
歩行距離＝6・5km

技術度

体力度

コース定数＝8

標高差＝110m

累積標高差 ↗217m ↘216m

加治丘陵は、関東平野から北西へ奥武蔵の山々がはじまるその手前に横たわっている。遊歩道が整備され、最高点には桜山《さくらやま》展望台が設置されているので、手軽に森林浴と山岳展望を楽しめる。駅から駅へと直接歩くことができ、子供が喜ぶスポットも多く、予定タイムの数倍かけて歩けば、大満足のファミリーハイキングとなる。

仏子《ぶし》駅南口から左へ。「桜山展望台」の道標にしたがい、信号で車道を渡れば左手に小公園。谷間の車道を行き、**右折**してジグザグに登れば尾根上の遊歩道となる。木立の中を起伏する簡易舗装の道は季節感豊かだ。

桜山展望台は360度の展望で、奥武蔵の山々や都心のビル群、広大な茶畑などの展望を楽しめる

「探検の森休憩園地」の標識で左の山道に入ると、三角点とあずまやのある**阿《あ》須《ず》山《やま》**だが、展望はない。先ほどの山道をなお進むと「加治丘陵保全用地」の標識で元の遊歩道に出る。あず

■鉄道・バス
往路＝西武池袋線仏子駅下車。復路＝西武池袋線元加治駅乗車。

■マイカー
圏央道入間ICから国道16号、県道63号、195号などを経由し、約20分で阿須運動公園。同公園駐車場を起点に周回する。

■登山適期
通年可能だが、桜と新緑の4月、紅葉の11月下旬が美しい。

■アドバイス
▽桜山展望台の利用時間は9時～17時30分（4～9月）、～16時30分（10～3月）。
▽トーベ・ヤンソンあけぼの子どもの森公園（☎042・972・7711）は9～17時。月曜休園。
▽下山地点にカフェ&レストラン・ホットポット（☎042・972・7248）がある。

■問合せ先
入間市都市計画課みどり公園☎04・2964・1111、飯能市観光・エコツーリズム推進課☎042・973・2124

■2万5000分ノ1地形図
飯能・青梅

まやのすぐ先は山仕事の広場だ。広大な芝生に簡素な遊具が置かれ、子供たちは歓声を上げて走り出す。広場前の木段道を登ると、桜山展望台が目前に高い。

桜山展望台からは、丹沢《たんざわ》山塊、高尾山《たかおさん》、富士山、奥多摩、奥武蔵、赤城《あかぎ》、日光、筑波山《つくばさん》、スカイツリーなどのビル群、そして南面には狭山茶の茶畑が一面に広大だ。

展望台前から北コースへの山道を下れば、あずまやで往路に出る。往路を戻り、阿須山への分岐を左に行き、**駿河台大分岐**をさらに左へ。木立の尾根道が二分したら、右に下れば会社の敷地から車道に出る。小さなレストランの右を行けば、**阿須運動公園**の駐車場だ。

車道を右へ戻るように入れば、**トーベ・ヤンソンあけぼの子どもの森公園**で、ムーミンハウスから子供はしばらく離れないだろう。

駐車場から川沿いの入間《いるま》川遊歩道を下流に向かい、上橋を右手の擁壁から登って渡る。踏切を渡り、左へ行けば**元加治駅**《もとかじ》は目前だ。

CHECK POINT

仏子駅南口を出たら左に行く。道路が右に曲がると「桜山展望台」の道標が現れ、この先も目印となる

谷間の車道は季節感豊かな住宅地を行く。少し先で「桜山展望台」への道標に従い右へ登る

コース中には随所に現在地点を記す緊急位置表示板があり、異常時に自分の位置を正確に伝えられる

尾根上の遊歩道はかつてサイクリングコースとして整備されたので、簡易舗装の緩い起伏が続く

遊歩道から左にはずれると山道をわずかで阿須山に着く。三角点があり、あずまやも建つが、展望はない

山仕事の広場は芝生が広がりアスレチックなどの遊具もあって、子供連れなら特大休止の時間がほしい

下山地点隣には無料のトーベ・ヤンソンあけぼの子どもの森公園があり、通称ムーミンハウスは人気の的

車道を渡り、阿須運動公園からは入間川沿いの遊歩道を元加治駅へ向かう。穏やかな川風が心地よい

注：駿河台人分岐の北から、トーベヤンソンあけぼのの森公園へも下れる。約10分。

58

天覧山・多峯主山

奥武蔵の玄関口、飯能入門のハイキングとタウンウォッチング

日帰り

てんらんざん　197m
とうのすやま　271m

歩行時間＝2時間35分
歩行距離＝7・0km

技術度
体力度

コース定数	＝9
標高差	＝164m
累積標高差	↗292m ↘292m

多峯主山からは、東には東京スカイツリーや都心のビル群も見える

天覧山頂上より富士山（左奥）と奥多摩の山々。手前右端は龍崖山

奥武蔵の盟主・伊豆ヶ岳《いずたけ》から東へのびる山稜の末端に、小さく盛り上がるのが天覧山と多峯主山だ。コースは数多くあり、宮沢湖《みやざわ》、巾着田《きんちゃくだ》、柏木山《かしわぎやま》、龍崖山《りゅうがいさん》など他コースとつなげるのもよい。道すがらの店でパンや弁当などを仕入れるのも楽しみだ。

飯能駅《はんのう》から銀座商店街へ。焼き立てパンの英国屋（☎042・973・8367）、だんご・弁当の伊勢屋（☎042・972・2962）を通り、飯能河原《はんのうがわら》信号を右へ。観音寺裏手の旧道を行けば**天覧山登山口**に着く。

舗装の急坂を登り中段の上で左へ回ると十六羅漢《じゅうろくらかん》を眺める。岩道を登れば**天覧山**頂上はじきだ。

展望台で富士山や大岳山《おおだけさん》などを眺め、北へ天覧入《てんらんいり》の谷へ下る。沢沿い道から**見返り坂**《みかえざか》を登り、**尾根道の分岐**で帰路を右に分けて右へ石段道を登れば**多峯主山**に着く。

中央に経塚の立つ山頂からは、天覧山を上回る東南面の大展望、

■鉄道・バス
西武池袋線飯能駅、JR八高線東飯能駅から歩く。

■マイカー
圏央道狭山日高ICから国道299号経由約10分で飯能駅。駅周辺に有料駐車場多数あり。

■登山適期
通年可能。4月上旬のサクラ、5月のツツジのころが美しい。

■アドバイス
▽飯能駅ビル改札階に、トレッキングやトレラン用品のひだまり山荘（☎042・974・1988）がある。

▽天覧山登山口には、発酵食品のテーマパーク「OH!!!」（☎042・975・7001）がある。土産、レストラン、カフェなど食の魔法がいっぱいだ。

■問合せ先
飯能市観光・エコツーリズム課☎042・973・2124

■2万5000分ノ1地形図
飯能

CHECK POINT

1 登山口から急な舗装路を登ると天覧山中段に着く。あずまやとトイレがあり大きな案内看板が立つ

2 中段から登山道に入り二分する道を左にとれば十六羅漢の前を通る。かつて羅漢山ともよばれた由緒だ

3 クサリのある岩道も現れる。この下は岩壁で、能仁寺の許可を得ればクライミングの練習ができる

4 天覧山頂上にはコンクリートの展望台があり、富士山、奥多摩、丹沢、飯能市街地などの展望がよい

5 天覧入の谷道を多峯主山へ向かう。尾根道とここの間にあるサブコースは本コースより雑木林が多い

6 尾根道と合流した先で直進する雨乞池への道と分かれ、右の石段コースに入る。昔は「男坂」とよばれた

7 石段コースは上へ行くほど急になる。上部は2ルートに分かれ、左は石段、右はクサリのあるザレ岩斜面だ

8 多峯主山頂上はテーブルとベンチがあり休憩によい。西に武甲山をはじめ奥武蔵の山々が大きく広がる

そして武甲《ぶこう》山《さん》、越上山《おがみやま》など西面の展望が新鮮だ。南へ下り、黒田直邦墓、雨乞池を通って山腹道を東へ。往路に合流したらすぐ先の**分岐**を左へ、天覧山への尾根道に入る。

左に高麗《こま》駅への道を分け、右に天覧入への下降路を2本分けると、簡素なベンチのある**高麗峠分岐**だ。左に高麗峠、巾着田への道を見送ると五差路に出る。

直進は天覧山への木段、左前方に中段への巻道、右に天覧入への3つ目の下降路、コースは左へ直角に下る駅近道だ。木立の道を下ればじきに往路と合わさり、**天覧山登山口**に戻り着く。

飯能市街地周辺を結ぶ道

小さな山をつなげて、丸一日のフルコースに

↑多峯主山から南への下りは雑木林の感じよい道だ

御岳八幡神社からは西方の展望がすばらしい

→巾着田からドレミファ橋を渡ると高麗峠でメッツァ外周コースに接続する

飯能には市街地周辺に小さな山がたくさんあり、これらをつなげればロングコースができる。日和田山から龍崖山へ歩く設定で連絡コースを略記しよう。①巾着田から南にドレミファ橋を渡り、沢沿いに登ると高麗峠で56に出る。②56の天覧山分岐から南に下り、国道を横切って車道から右に入れば高麗峠分岐で58に出る。③多峯主山から御岳八幡神社を経て南に下り、車道を西に行けば59の出発点だ。④59の赤根ヶ峠から大河原工業団地南側の遊歩道をあかね公園まで行き、あさひ山展望公園を往復し、60の龍崖山公園から龍崖山へ。八耳堂からはコース通りに飯能駅へ。連絡コースのタイムは類推していただきたい。各コースは138・139ページの地図に①〜④の番号をつけているので参照願いたい。

多峯主山
天覧山
飯能市
高麗駅、西武秩父駅へ
吾野駅へ
高麗峠へ
石段コース
高麗駅分岐
尾根道分岐
雨乞池分岐
黒田直邦の墓
雨乞池
常盤平
御岳八幡神社
配水場分岐
見返り坂
天覧入分岐
高麗峠分岐
五差路
あずまや
十六羅漢
中段
能仁寺
にこにこ池
天覧山登山口
ほほえみの丘
天覧山分岐
メッツァ外周コース
137ページコラム②参照
西武線の高架下をくぐる
大里屋本店
ドラッグストア
永田大杉バス停
123m
ドレミファ橋
兜岩
汽車淵
金蔵寺
八耳堂
ロープ
追分
三四郎平
女坂分岐
女坂
沢の源頭を渡る
中平河原
浄水場
吾妻峡
岩根橋
飯能
市民会館
飯能市立博物館
茶店
観音寺
おみやげ処 欅
そば欅庵
久下木橋
飯能河原
飯能河原交差点
受水場
大河原木材
子供図書館
カールヴァーン
割岩橋
(車道経由)
(飯能河原経由)
三吉稲荷神社
キリスト教会
車両通行不可の車道
クサリの手すりがある急坂
T字路
大河原
堰堤を行く
ベンチのあるピーク
ロープあり
植林の尾根道
公園登山口
龍崖山公園
龍崖山公園入口
茜台
あずまや
213
公園頂上。日時計がある。富士山、大岳山などの奥多摩、武甲山など奥武蔵の山々、筑波山、スカイツリーなども見える大展望
あさひ山展望公園
久須美
ローソン
美杉台ニュータウンバス停
西武バス車庫
美杉台中学
美杉台
住宅街の車道を行く
ベンチ、看板あり
ゆうひ山
ベンチあり。北面の展望よし
スーパーアルプス
木立の尾根道
もみじ橋
ゆうひ山公園登り口
あかね公園
飯能市クリーンセンター
「龍崖山公園入口」の道標
下畑
青梅へ
成木川
山手町
本町
八幡町
原町
西武池袋線
入浴可
奥むさし旅館
広小路交差点
飯能銀座商店街
仲町
伊勢屋
英国屋
北口
南口
飯能駅
107m
稲荷町
南町
あずまや展望あり
飯能大橋
入間川の奥に天覧山、多峯主山が見える
美杉台通り
ひかり橋バス停
矢颪
征矢町
前ヶ貫
東飯能駅、池袋駅へ
所沢へ
メッツァへ
Start Goal

まだある、飯能のお手軽展望スポット

あさひ山展望公園

飯能の街並み近くにあさひ山展望公園がある。住宅街のてっぺんで車椅子でも登れる標高213㍍の公園は、北面を除く270度の大展望が特長だ。南に対をなすゆうひ山と結んで約2時間の展望散歩を楽しもう。

飯能駅南口の大通りを南へ。谷奥に天覧山や多峯主山を望み、ひかり橋バス停をすぎるとゆうひ山登り口の**もみじ橋**に着く。木立の尾根道から住宅地脇をすぎると**ゆうひ山**だ。北にあさひ山展望公園を見上げる。

西へ下り、ゆうひ山公園を通って住宅街を北へ。右に西武バス車庫を見ればすぐ奥が**あさひ山展望公園**だ。階段を登った頂上は家族連れも多い。

あさひ山展望公園入口

富士山をはじめ、丹沢、奥武蔵の山々、筑波山にスカイツリーと、山岳展望を存分に楽しもう。

あずまやから北へ登り、尾根のT字路を左折。三角点をすぎて樹林の尾根道から急な道をクサリの手すりで下ると、車道の**T字路**だ。右へ行き大河原木材の十字路を左折すると飯能河原に出る。正面の赤い割岩橋へスロープで登って渡り、直進すれば**飯能駅**に戻り着く。

59

柏木山

かしわぎやま　303m

樹林の美しさと大展望がすばらしい「飯能三山」の最高峰

日帰り

歩行時間＝2時間35分
歩行距離＝6・5km

技術度

体力度

コース定数＝11

標高差＝181m

累積標高差　390m　390m

多峯主山《とうのすやま》、龍崖山《りゅうがいさん》そして柏木《かしわぎ》山《やま》を「飯能三名山《はんのう》」とよぶ地元の人がいる。「名」とつけるには疑問があるが、飯能の市街地に近くて登りやすく、展望もすぐれ、日帰りの「三山駆け」も無理はない。奥多摩の高水三山《たかみず》、戸倉三山《とくら》などにならい、「飯能三山」とよんでもよいかもしれない。その最高峰が柏木山だ。

他の2山は植林がちだが、柏木山は雑木林が多く、季節感も豊かだ。龍崖山と同じく地形図に山名の記載はないが、登山道はよく整備されている。2万5000分ノ1地形図「飯能」の左下方、飯能くすの樹ゴルフ倶楽部のすぐ南にある303メートルの標高点が柏木山だ。

永田大杉《ながたおおすぎ》バス停からドラッグストア脇を南に行き、道標にしたがって入間川《いるま》の吾妻峡《あづま》を**ドレミファ橋**で渡る。右に行き、木段を登って出た車道を右へ。広いY字路を左に行けば**あかね尾根道コース入口の駐車場**だ。

遊歩道に入り、茜台《あかねだい》自然広場をすぎると沢沿いの山道と変わる。木段で出た尾根を赤根《あかね》ヶ峠へ向かうが、「赤根ヶ峠550メートル」の道標手前で右へ入るのが柏木山への道だ。ゴルフ場のフェンス沿いなのが無粋だが、雑木林のコブを3つ越えると**柏木山**に躍り出る。

南に大きく開けた山頂で展望を堪能したら、南へカモシカ新道を下る。植林の尾根道から作業道に出たら左へ。沢沿いの林道を南に下り、里道を左折すれば、南から舗装路の合わさる丁字路の**苅生《かろう》分岐**だ。北へ向かう沢沿い道は東にカーブして、わずかの登りで**赤根ケ峠**に着く。直進する配水場広場への道を右に見て背後の見晴らし

南には奥多摩末端の山々が広がる

東には飯能、入間の市街地とさいたま市方面

■鉄道・バス

往路・復路＝西武池袋線飯能駅から国際興業バス10分で永田大杉下車。

■マイカー

圏央道狭山日高ICから県道347号、国道299号、県道28号を行き、T字路を右折。2キロ弱先のY字路を鋭角に左折すると右があかね尾根道コース入口で、約10台の無料駐車場がある。

■登山適期

通年。花と新緑の4月中旬〜5月上旬、紅葉の11月中旬〜12月上旬がベスト。

■アドバイス

▽永田大杉バス停近くの大里屋本店（☎042・972・3600）で行動食に四里餅を買っていきたい。

▽飯能駅北口近くの中国料理王記（☎042・978・8705）は安く美味しくボリューム満点で登山者に人気。

■問合せ先

飯能市観光・エコツーリズム課☎042・973・2124

■2万5000分ノ1地形図

飯能

台に登れば、広大な工業団地の上に龍崖山が意外な近さだ。

木立の美しい山腹道（あかね尾根道）を北へ向かうと、柏木山入口で往路に戻る。

吾妻峡は清涼感あふれる渓谷だ

CHECK POINT

1 永田大杉バス停で下車。吾妻峡へは写真左前方のドラッグストア手前を左折する

2 ドレミファ橋で入間川の吾妻峡を渡る。雨後は増水で渡れないことがある

3 あかね尾根道コース入口。案内看板があるが柏木山への道標は足もとに目立たない

4 あずまやとベンチのある茜台自然広場を通り、沢道を赤根ヶ峠に向かう

5 雑木林の美しい斜面はしだいに傾斜を増し、木段を登り出た尾根を右折する

6 柏木山へは「赤根ヶ峠 550メートル」の道標手前をフェンス沿いに右折する

7 「タカドッケ」の別名もある柏木山からは南面に大展望が開ける

8 奥多摩末端の山々を眺めて南へカモシカ新道を下ると植林の尾根になる

9 コースは屈曲するが、手造りの道標が親切にルートを示し、暖かみを感じる

10 沢沿いの林道は季節感豊かだ。これを下ると苅生（かろう）の里道に出る

11 里道から登り返すと十字路の赤根ヶ峠。正面はあかね公園への道がのびる

12 赤根ヶ峠から左へ、出発点へと戻る雑木林の樹下道は美しいフィナーレだ

＊コース図は139ページを参照。

注：柏木山には記載以外にもコースは多く、何度でも訪れたい。

60

龍崖山

急な登降と好展望、清流歩きも満喫の駅近低山

りゅうがいさん
246m

日帰り

歩行時間＝2時間50分
歩行距離＝7・5㎞

技術度

体力度

コース定数＝**10**

標高差＝139m

累積標高差 ↗251m ↘251m

龍崖山頂上から眺める奥武蔵の山々。左端は天覚山

名栗川対岸から望む龍崖山

奥武蔵の玄関口・飯能《はんのう》市では、天覧山《てんらんざん》～多峯主山《とうのすやま》の人気が高い。龍崖山は入間《いるま》川をはさんでその対岸に高まっている。地元では古くから親しまれているが、近年登山道が整備され、山頂の展望も広がった。吾妻《あづま》峡、飯能河原《はんのうがわら》の清流歩きと併せて楽しみたい。

飯能駅北口から西へ線路沿いの車道を行く。割岩《わりいわ》橋を渡ると右へカーブし、十字路を左折すれば道幅は広くなる。**T字路**を直進し、広い道を左へ登ると右手が**龍崖山公園入口**だ。園内の歩道を行くと公園登山口に着く。

登山道はロープの急登も交えてベンチのピークを越える。堰堤を渡り、登り返せば234メートルの**燧《ひうち》山《やま》**だ。足もとに大河原工業団地が広がり、富士山や大岳山《おおだけさん》などを見わたせる。

下って沢源頭を渡り、山腹道から左の尾根に出ると富士山見晴台。燧山よりさらに展望は大きい。北へ尾根道を行けば**龍崖山頂**

■鉄道・バス
西武池袋線飯能駅から歩く。

■マイカー
圏央道狭山日高ICから県道347号、国道299号、県道28号を経て龍崖山公園入口駐車場まで約20分。無料、約50台。

■登山適期
通年可能。夏でも緑陰の道、清流歩きは心地よい。

■アドバイス
▽車道、急な山道、渓谷と、短時間ながら道は多様だ。アプローチシューズなど浅型の靴が歩きよい。

▽割岩橋際に地中海レストラン・カールヴァーン（☎042・973・7000）があり、山行後に上質の空間を楽しめる。

▽駅に近い奥むさし旅館（☎042・973・2766）は入浴のみの利用もできる。

▽コース対岸の飯能市立博物館（☎042・972・1414）には飯能市の歴史民俗資料などが興味深く展示されている。

■問合せ先
飯能市観光・エコツーリズム課☎042・973・2124

■2万5000分ノ1地形図
飯能

上に着く。石碑や案内板などの置かれた山頂は北面が開け、奥武蔵の山々や飯能市街地のパノラマが広大だ。

下りは東へ。金蔵寺《こんぞうじ》への女坂を右に分けロープで急下降すると、大河原城主の屋敷跡、三四郎平《さんしろうだいら》だ。左へわずかな下りで**八耳堂**《はちじどう》に着く。車道を渡り、左前方に入れば右手が吾妻《あづま》峡入口だ。山道を下り河原に出ると**ドレミファ橋**があるが、これは渡らず、右岸通しに遊歩道をたどろう。兎岩《うさぎいわ》、汽車淵《きしゃぶち》などを眺めつつ歩く緑陰の渓谷道はさわやかだ。**中平河原**《なかひらかわら》で右上のトイレを目指せばその上は車道だ。左に行くと**T字路**で、来た道に合わさる。

往路を戻り、大河原木材の角を左折すれば飯能河原に出る。シーズンの週末なら、バーベキュー客などでにぎわっているだろう。赤い割岩橋を見上げ、右へループ状の坂道でくぐり登れば往路に合流する。**飯能駅**はもうじきだ。

富士山見晴台より眺める富士山

CHECK POINT

1 飯能駅北口から線路沿いに西に進めば県道を横切り割岩橋で入間川を渡る

2 大河原信号の先で車道が左に曲がると龍崖山公園入口だ。駐車場がある

3 龍崖山登山口から尾根に出るとロープの張られる急登が続き小ピークを越える

4 2つ目のピークが燧山で、工業団地を前に富士山や奥多摩方面を見わたせる

5 上下屈曲の多い道だが、明瞭な道標が随所に設置され心配なく歩ける

6 龍崖山頂上は山城跡で木立の中に石碑が立ち、西から北面に大展望が開ける

7 八耳堂への下りはすぐ右に女坂を分ける。女坂は斜面を巻き下り金蔵寺に出る

8 直進する男坂はロープの急下降で、一度緩むが八耳堂の近くまで続く

9 軍荼利神社の脇から出た八耳堂は、金蔵寺の仏堂で聖徳太子が祀られる

10 帰りはドレミファ橋手前に下り、吾妻峡右岸の遊歩道を歩く。左は兎岩

11 水際の遊歩道は、汽車淵で深い淵に張り出した岩稜をクサリで越える

12 いったん車道に上がり、また飯能河原に下りれば、往路の割岩橋が目前に高い

＊コース図は138〜139㌻を参照。

●著者紹介

打田鍈一（うちだ・えいいち）

1946年、神奈川県鎌倉市に生まれる。十代後半、何の知識も装備もなく登った秩父・熊倉山での遭難未遂や、無節操な歩き方で絶望的にバテた北アルプス・徳本峠越えが山中毒となるきっかけだった。人け少なくパイオニア気分を楽しめる埼玉、西上州、越後の低山に足が向く。
1980年ごろから『山と溪谷』誌にガイド記事の執筆を開始、雑誌、新聞等に寄稿多数。著書に『藪岩魂　正、続』（山と溪谷社）、『関越道の山88』（白山書房）、『晴れたら山へ』（実業之日本社）。編著に『ハイグレード・ハイキング』（山と溪谷社）。『山と高原地図 西上州』（昭文社）を30年にわたり執筆。共著に『関東百名山』（山と溪谷社）、『山歩き安全マップ　奥武蔵・秩父・奥秩父』（JTBパブリッシング）、『アルペンガイド　日本百名山登山ガイド　上、下』（山と溪谷社）、『関東百山』（実業之日本社）など。埼玉県飯能市在住。

分県登山ガイド10

埼玉県の山

2016年3月5日 初版第1刷発行
2025年3月15日 初版第6刷発行

著　者 —— 打田鍈一
発行人 —— 川崎深雪
発行所 —— 株式会社 山と溪谷社
〒101-0051
東京都千代田区神田神保町1丁目105番地
https://www.yamakei.co.jp/

■乱丁・落丁、及び内容に関するお問合せ先
山と溪谷社自動応答サービス　TEL03-6744-1900
受付時間／11:00～16:00（土日、祝日を除く）
メールもご利用ください。
【乱丁・落丁】service@yamakei.co.jp
【内容】info@yamakei.co.jp

■書店・取次様からのご注文先
山と溪谷社受注センター
TEL048-458-3455　FAX048-421-0513

■書店・取次様からのご注文以外のお問合せ先
eigyo@yamakei.co.jp

印刷所 —— 大日本印刷株式会社
製本所 —— 株式会社明光社

ISBN978-4-635-02040-4

●編集
WALK CORPORATION
吉田祐介

●ブック・カバーデザイン
I.D.G.

●DTP
WALK DTP Systems
株式会社 千秋社

●MAP
株式会社 千秋社

■本書に掲載した地図は、国土地理院長の承認を得て、同院発行の数値地図（国土基本情報）電子国土基本図（地図情報）、数値地図（国土基本情報）電子国土基本図（地名情報）、数値地図（国土基本情報）基盤地図情報（数値標高モデル）及び数値地図（国土基本情報20万）を使用しました。（承認番号　平27情使、第731号）
■各紹介コースの「コース定数」および「体力度のランク」については、鹿屋体育大学教授・山本正嘉さんの指導とアドバイスに基づいて算出しています。
■本書に掲載した歩行距離、累積標高差の計算には、DAN杉本さん作製の「カシミール3D」を利用させていただきました。

●乱丁、落丁などの不良品は送料小社負担でお取り替えいたします。
●定価はカバーに表示してあります。